謝辞

本書は、図書館の設備が限られた小さな島で書かれたものであるため、通常では考えられないほど、他の人々とのコミュニケーションに負うところが大きい。そこで、私は彼らに感謝したい。まず、ロビン・バローは、通常の編集者の職務を超え、その指導、支援、絶え間ない励ましによって、文字通り本書を実現することができた。また、私の同僚であり友人でもあるジェームス・T・サンダースにも特別な感謝を捧げる。彼は、私の混沌とした散文に悩まされることなく、いつも私よりも明確に私の考えを把握しているように見えた。妻のジャンヌは、欠陥のあるタイプライターから原稿を打ち、校正してくれただけでなく、彼女の静かな忍耐力で、多くの欠陥のある論点を暴いてくれた。同僚のジェフ・ミルバーンからの絶え間ない禁制品の紙の供給は、その意図した効果を発揮した。シャーリー・スキナーは、いつものように最終稿のタイピングで素晴らしい仕事をした。そして、遠方からコピーライト資料を郵送してくれたすべての人に感謝する。著作物からの大幅な引用を許可してくれた、以下の方々に感謝する。

McGraw-Hill Book Company for selected material from *Reasoning* by Michael Scriven（1976）；*Harvard Educational Review* for selected material from ‘A Concept of Critical Thinking’ vol. 32, no. 1（Winter, 1962), by Robert Ennis; Edgepress for selected material from *Informal Logic: The First International Symposium*, edited by R. H. Johnson and J. A. Blair（1980）; Harcourt Brace Jovanovich for selected passages from the *Watson-Glazer Critical Thinking Appraisal* と付属のマニュアル（1964）; Maurice Temple Smith Co. for permission to quote material from *Teaching Thinking* by Edward de Bono（1976）.

また、アメリカ教育哲学協会が一九八一年に発行した『情報処理（*Proceedings*）』に掲載された第2章の一部を、「論理なき批判的思考――情報に尊厳を取り戻す」というタイトルで転載させていただいたことに感謝したい。

ジョン・E・マクペック
ロンドン、オンタリオ州

第1章　批判的思考の意味

教育について考えようとする人たちの間では、保護者、理論家、急進的改革者、伝統主義者を問わず、批判的に考える能力は人間の望ましい特性であり、そのために可能な限り学校で教えるべきだという意見が一般的である。このように、学校での批判的思考を支持することは、自由や正義、クリーンな環境を支持することと似ている。しかし、他の概念と同様に、人々が批判的思考を同じ意味で使っているかどうかはまったくわからないところであるし、その意味について同意していたとしても、全員がそれを承認し続けるとも限らない。というのも、このような問題では、それが明確に認識されることに反比例して、承認が減少することが非常に多いからである。実際、批判的思考に対する広範で多様な承認は、その概念の曖昧さを示す指標であると考えることもできる。暗闇の中で形成された合意よりも、啓発された意見の相違の方が望ましいという前提のもと、私は批判的思考についての概念を明確にし、そのカリキュラム上の意味を引き出そうと試みることにする。これができれば、この問題に対する同意と不同意は少なくとも理解できるようになるだろう。

問題は、批判的思考に関する先行研究が少ないことではない。それどころか、雑誌での議論やパッケージ化されたカリキュラムは数多く存在する。問題は、この概念が何を含み、何を排除しているのかが理解できないまま、これらの資料を正確に評価する方法がないことである。現在、ラテン語の授業から論理学や巧妙なパズルゲームに至るまで、この概念の曖昧さが、カリキュラムの提案を支えている。これらの提案はすべて、批判的思考を促進すると主張している。

この概念の曖昧さに加え、密接に関連するいくつかの疑問があり、別途解明が必要となる。例えば、批判的思考とは何かを明らかにしても、それをどのように教えるかはおろか、教えることが実際に可能かどうかという疑問に対して、一つの答えすら保証されないかもしれない。また、仮にこれらの疑問に対する答えが得られたとしても、批判的思考と教育との結びつきの性質は、これまで以上に精密な考察を必要とする。しかし、はっきりしているのは、この一連の問題の中心にあるのは、批判的思考とは何かという問題である、ということである。この問いに答えることなしに、他のどの問題にも答えることはできない。まず、この問題をクリアにしよう。

批判的思考ではないもの

「批判的思考（クリティカル・シンキング）」という言葉は、少なくとも表面的には単にある問題を解決するために慎重、かつ正確に考えることを指しているかのように見えるかもしれない。確かにそれは、さほど真意からかけ離れているわけではないのかもしれない。しかし、それなら、何故にこのどちらかと言えば率直な考え方に関してさまざまな混乱や矛盾する提案などがまとわりつくのか、そのすべての責任はどこにあるのか、と問われるかもしれない。

この混乱は、この考え方を広めようとする人々が、あたかもその概念が自明なものであり、内容が明白で、自己正当性のあるスローガンかのように扱っていることに起因がある。「批判的思考」という言葉はR・S・ピーターズの研究が登場する以前の「教育」という言葉と同様に、過剰に使い回されながらも、分析不十分である。批判的思考についてより丁寧に扱っている文書でさえも、基本概念の分析については簡単に済ませ、すぐに関連すると思われるさまざまなスキルを箇条書きにする傾向にある。例えば、ロバート・エニスの著名な論文「批判的思考の概念」[*1]でさえも、批判的思考とは「言明（statement）を正しく評価すること」と簡単に言い切ってしまっている。しかも、その見解に関する根拠はどこにも書かれていない。さらに言えば、それが批判的思考の定義ではありえないことは一目瞭然である。というのは、批判的に吟味せずとも言明を正しく評価することも可能だからである（例えば偶然にその結論に達することもできる）。それに加え、さまざまな活動（例えば山登り）やスキル（チェス、レスリングなど）の中には批判的思考の余地があるが、「言明の評価」とは無縁なものもある。ここで私が主張したいことは、エニスの見解が間違っているということではなく、むしろ検討されている根本的内容、つまり批判的思考についての概念の分析が軽くあしらわれているということにおいて、彼の手順が実に典型的だということである。

批判的思考の厳密な定義が何であれ、それがある種の「考えること／思考（*thinking*）」を指しているということは明瞭である。おそらくこの分野の研究の大半が心理学者によって行われているというのはそのためであろう。[*2]しかし、残念なことにそのような研究は、帰納的または演繹的推論を始め、チェスや空間的推論、計算などに特化した問題解決法といった非常に限定された型の思考についての研究によって特徴づけられている。よって、ほとんどが一般的な批判的思考に関する概念的分析にまでは至っていない。それなら、私たちは最低でもそれぞれの状況における共通点は何なのかを問う必要がある。

時として考えるという行為は、白昼夢、ふとよぎる印象、そして幻覚症状も含め、図らずとも起こってしまう場合（つまり無意識、不意に起こること）もあれば、意図的で方向性をもつ場合（自主的、自発的に起こること）もある。夢や無意識のうちに起こるような考えによって問題解決の糸口が見つかることもあると主張できないわけでもないが、ここではそのような思考に関しては論議しない。というのも、そのような思考は直接教授できるものでもなければ、いずれにしても「批判的」という形容詞がつけられるものでもないからである。*3 ただ、ここで留意すべきことがある。それは思考というものは常に何かについて考えているということである。何でもないことを考える（think about nothing）ことは概念的にありえない話である。この単純なポイントの重要性は「私は考えることについて教えています」や「生徒に考えることを指導しています」などとよく耳にする主張について、それらの主張の意味するところに大きな問いを投げかけるということにある。当然ながら「何について？」と問うことになる。「ただ一般的に考えること」であるとか、「軒並みすべてのことについて考えること」であるとか主張しても役に立たない。また特に何について考えるわけでもないなら、まったく考えないのと同じである。「一般的にすべて」のことについて考える、と答えるのもまたつじつまが合わない。逆にもし「生徒に考えることを指導しています」という主張が「何か特定な出来事が生徒に起こるたびに私はそのことについて考えるように指導しています」と言いたいのであれば、その意味するところは二つに一つしかない。一つは「生徒が何かについて考えるたびに、その何かについて考えるように指導しています」という空虚な同語反復と捉えるか、「彼が何かについて考えるたびに、その何かについてもっと考えるように指導しています」と捉えるかのいずれかである。後者の主張は意味のある主張であるが、「何かについてもっと考える」ということが同じ考えをより長く持ち続けるということではなく、その何かに新たなものを加えること、その何かに対してより綿密な分別をすること、あるいはその何かに対して自分の見方・考え方を変えることといった意味で捉えるべきだということに気づくことが重要である。いずれの場合も、何かについて考えることやその何かについてもっと考えるということは、果てしなく無限にありえた考察の中から一つに絞った、もしくは特定化したということである。別の言い方をすれば、何かについて考えているときは常にXについて考えているということであり、そのXは絶対に「一般的にすべて」のことではありえなく、必ず何か特定なことでなければならないというのが重要な概念的真実である。よって、「生徒に考えるように指導しています」という主張は最悪で偽りであり、最善でも人を惑わせる主張である。

よって、思考は論理的にXに繋がっているということになる。この根本的な点は割と理解しやすいところであるため、何故にこの批判的思考というものが、一つのカリキュラム教科として具体化され、これについて教えることが一つの専門的な分野となったのかが不思議である。もしかすればその理由の一つに批判的思考の「批判的」という部分に新たに進歩的な強調がなされ始めているのかもしれない。もし「批判的」という形容詞に注目するなら、思考の対象が何であるのかはさほど重要でない、もしくは付帯的なものになると感じるかもしれない。しかしこの見解だと「批判的」という形容詞は単に「思考」という言葉を（文法的にも現実にも）修飾しているに過ぎないのであり、批判的思考もまた、何かへの方向づけがなされなければならない、という事実を無視していることになる。

「批判的」という形容詞は「おませな」「想像豊かな」「創造的な」「繊細な」などと同様に、一種の思考を説明しているものである。しかし、これらの形容詞は、何について考えているのかにまでは言及していない。よって、「私はXということに関しての批判的思考を教えています」という文章からXを外したり、あるいはXのみをいたずらに強調したりすると、「私は想像力（イマジネーション）を教えています」「私は成熟さを教えています」「私は創造性を教えています」と同レベルの言明に辿り着いてしまう。しかし、創造性、想像力、そして批判的思考は一般的なスキルだという主張を多少なりとも理解できるようになれば、それらはなされ方と関わってくるものであって、なされていることと関わってくるものではないことから、それらは何か他のことを追い求める中で付随として生じなければならないということが理解できるようになる（例えば「彼女は『繊細に』ピアノを弾く」など）。「批判的」という形容詞を「Xについて思考する」というフレーズに加えることにより、何かについてどのように考えているのかについて何らかの一般的な方法で説明することになるが、そのことが、その何かについて説明してくれるわけではない。特定の主題／教科から隔離された状態にあっては、「批判的思考」というフレーズは、あらゆる具体的なスキルを参照したり表示したりすることはない。つまり、この理論を展開するなら、批判的思考というものを独立した教科として扱うことはまったく意味がなく、よって、そこで批判的思考を有用な形で教えることはできない。特定の主題／教科となるXがない限り、批判的思考は概念的にも実質的にも虚しいものとなってしまうのである。「批判的思考を教えている」という言明がまったく空虚であると言えるのも、これが批判的思考であるとまともに呼べる一般化されたスキルが存在しないからである。

批判的思考とは何か?

人々を批判的に考えさせていくことについて語るとき、私たちは何を伝えようとしているのだろうか。そしてもっと重要なこととして、何を私たちは達成しようとしているのだろうか。結局のところ、私たちは「批判的思考」というフレーズを完全に意味のある方法で用いることができている。加えてその意味は「想像的思考」「繊細な思考」「創造的思考」などとは区別されている。思考というのは常に何かについて考えていることだと、これまでも言われてきた――例えば、何かの問題、活動、主題／教科領域について考えることだと。そしてこうした問題、活動、主題／教科といったことだけが批判的に考えられうるものである。批判的思考というものは、いつもそれ単独で明白な存在としてあるのではなく、それが何かということを確認できる活動だとか主題／教科領域といったことと結びついて存在証明されるものなのである。結果として批判的に考察されうる無数の活動や活動形式があるなら、それに合わせて批判的思考も無数の方法で表現しうるのである。ある種の活動がうまくいくこともあれば、うまくいかないこともあるように、ある種の活動は批判的に行われることもあれば、無批判に行われることもある。「批判的思考の行動」と見なされる行動には、実にさまざまなタイプがある。こうした行動の中には、身体的力強さを必要とする行為の中に外見上表現されていることもあれば、巧妙にもある種の言明を評価する中におそらく頻繁に見られることになるものもある。

批判的思考を可能にする活動は多岐にわたることを踏まえるのなら、この言葉を正しく適用するための尺度（criteria）もそれに応じて多数存在すると思われる。この意味で、「批判的思考」という言葉は「創造的」という言葉と同じように機能する。すなわち、この蔑称に値する振る舞いは多岐にわたるのだが、意図されている意味は常に識別可能である。*4 科学者、エンジニア、講師、芸術家が皆、創造的思考を示すことができるように、彼らのいずれもが、批判的思考を示すことができるのである。実際のところ、多くの場合、それぞれの思考形態のもたらす最終的な成果物は、観察者にとっては区別がつかないものかもしれない。だが、だからといって、このことは、それらの意味が同一であると言っているわけではない。通常、何かが「創造的」であるという場合、それは斬新であり、かつ／または美的に魅力的であることを意味している。しかし、ある思考や思考の一端を「批判的」と表現する場合、それが斬新であることや美的に魅力的であることは要求されない。「批判的」な思考は、斬新で魅力的なものを生み出すかもしれないが、必ずしもそうであるとは限らない。

少なくとも表面上、おそらく批判的思考の最も注目するべき特徴は、それが既存の言明や確かなものとされてきた行動規範や行動体系に対するある種の懐疑、または同意の中断（一時停止）といったことと関わりがある。この懐疑はまったくもって容認に取って代わられることになるかもしれないが、懐疑は真理を当然のものとしない。むしろ懐疑は代替となる仮説や可能性を考慮する。こうした思考は誤謬を見つけていくことに結果として繋がるかもしれないし、同様にまったくよくできた確かなものとされてきたルール、原理、手順を所与の事例に活用していこうとしない決断を促すことにも繋がるかもしれない。実際に、多くの困難な諸問題の解決は、しばしばこうした状況を要求してくる。多少なりとも批判的思考は、選択肢（代替となる考え）を好意的に受け入れることによって、ある一般手順が実利とならないのはどういったときなのかを見極めていくことに関わっていくのである。

しかしながら、こうした懐疑は日常社会に浸透もしていなければ、正当化もされていない。つまり懐疑は、人が出会うすべての言明、論証、行動体系に自動的に活用されるわけではない。ジョン・パスモアは次のように指摘している。

私たちは、どんな主張に対しても「それは疑わしい！」と、その応答がどんなに関係事項と不適切な結びつきをするものであったとしても、そう答えるように訓練された人のことを想像することができます。このような人は、疑問をもつ習慣を身につけたと言えるかもしれませんが、批判的であることを学んだわけではないはずです。[*5]

むしろ批判的思考は、身近な問題により満足のいく解決や洞察をもたらすだけの生産的なものとなるように、経験によって調律された懐疑心の賢明な活用を求めるものである。少なくともこのことが、批判的思考が援用されるべき理由なのある。懐疑を賢明なものであり、決して取るに足らないものでも不正確な代物というわけでもないと思ってもらうために、尺度（criterion）は、問題となっている主題／教科領域の規範（norm）や基準（standard）によって決定が下されなければならない――このことを理解することが肝要である。批判的に思考することを学ぶことは、ある事柄について、それはいつ疑問をもつべきなのか、どのような問いかけをするべきなのかについて知るために、かなりの程度学ぶことである。あらゆる問いかけが、これに当てはまるわけではない。[*6]

端的に言えば、多くの問いを投げかけることは率直に情報を必要とするからといって、批判的思考とは単に問いを投げかけることだとはならない。また批判的思考とは、見境のない懐疑とも異なったものである（これはまったくもって自滅に繋がり、無限後退へと導くことになるだろう）。そうではなく批判的思考とは、考察中の領域の範疇で、「反省的懐疑（reflective skepticism）」を適切に活用していくことである。こうした反省的懐疑を、いつ、どのように効果的に用いるべきであるのかを知るためには、とりわけ、考察中の領域に関する事柄を知ることが求められる。そのため、ある人が反省的懐疑を伴ってX（それは数学、政治、山登りであってもよい）に携わっていくための性向やスキルを持ち合わせているとするならば、その人はXについての批判的思考ができる人であると私たちは言うだろう。加えて、一つの領域について批判的に考える人間は他の領域でも批判的に考えることができる、ということを信じるだけのいかなる道理もないのである。訓練した批判的思考のスキルの転移は想定できないもので、それは事例ごとに経験科学的な検証によって確実なものにしていかなくてはならないものなのである。著名な論理学者が、誰に投票すればいいのか、なぜ投票するのか、まったくわからないというような悪名高いケースを目の当たりにすると、今日のような専門分化された知識の時代にはルネサンス人は存在しないのであって、すべてのことについて批判的に考えることができる人なんて誰もいないと考えるのが妥当だろう。

批判的思考というのは単にXについての批判的思考となるのだから、当然のことながら、批判的思考は否応なく批判的思考以外の領域の知識と結びつくことになる。そのため懐疑を賢明に活用するための尺度は、考察中の領域の基準や規範によって供給されることになる。驚くべきことに、このシンプルな洞察は、この主題に関する教科書、特に論理スキル（logical skill）を重視する哲学者が書いた教科書に見られる一般的トレンドに反するものである。私がこれまで見てきた批判的思考に関する教科書はいずれも、形式論理学か非形式論理学を用いて、誤謬の発見に向けた何らかの手順を強調するものだった。これは私が「哲学者の誤謬」と呼ぶものに原因があるところは少なくないと考えている。この誤謬は、批判的思考の必要条件である論理（ロジック）への問題関心というものを、批判的思考のための十分条件だと捉えてしまうことによって生じるものである。私は論理（ロジック）が批判的思考とは何ら関係がないと主張しているのではなく、それが果たす役割は、具体領域（専門領域）の知識や経験と比較したとき、比較的にマイナーなものであると言いたいのである。ロジックテストや批判的思考の講義は、難なく接しやすい新聞の編集や広告の分析をすることを通して、あたかもこの活動だけで批判的思考者を育成するのには十分であるかのように、これが重要なポイントであるかのように扱ってしまう傾向にある。だが論理学者や哲学者が論理（ロジック）の活用を独占しているわけではない。彼らの大半は論理（ロジック）の具体的な研究を独占しているだけである。有能な科学者、歴史学者、考古学者が、矛盾を回避することの重大さを知らないなど考えられないし、「一貫性」それ自体だけでは人がその領域の批判的思考者になれるなんてことはありえない。「論理（ロジック）」のように、ある種の自然言語についての知識は、しばしば多くの活動に携わっていく上での必要条件となるが、十分条件になることはまずない。ロバート・エニスは批判的思考の考えを分析し、批判的思考には三つの次元があり、一つは論理的（logical）次元、もう一つは尺度的（criterial）次元、最後は実用的（pragmatic）次元であると指摘したが[*7]、これは大変に注目すべきことである。後者の二つは誤謬の発見に何の関係もないし、こうした論理（ロジック）とも関係ないのであって、むしろこれら二つは主題／教科領域の具体的知識と関係するものである。そのためエニスの分析の多くが、「定義」や「多義性」といった基礎論理学から引き出されたトピックに焦点を当てていることは、典型的であるとはいえ、まったくもって驚くべきことである。

私がすでに提言してきたように、批判的思考の意味するところの中核には、反省的懐疑を伴って活動に携わる性向だとかスキルがある。だがこの定義は多義性の余地を残すものであり、私はこれについて明瞭にしておきたい。第一に、批判的思考は活動に携わっていくのに必要となるスキルに関わるものであるのだが、批判的思考はその活動をそうさせているスキルから分離しえない。例えば歴史的問いに対応する批判的思考は、まず何よりも歴史学者の知識やスキルを必要とする。同じく科学者の問いかけに対応する批判的思考は、科学者の知識やスキルを必要とするのである。考察中の主題／教科領域の基礎知識に代わることのできるような一連の付随的に生じるスキルなど存在しないのである。第二に、「健全な懐疑」のように「反省的懐疑」という言葉は、問題となる思考の目的と質の両方を指している。この懐疑の目的は、物事について同意できていない状態にすることではなく、問題解決に向けた進歩を促すことにある。そして懐疑が少なくとももっともらしい選択肢を提供することができると思えるだけの熟議のレベルや質を例証してくれるならば、私たちはこの懐疑を「反省的」という意味で用いる。また、批判的思考の概念は、より形式的に表現するならば、次のように表現することもできるだろう。

Xを何らかの心的努力（mental effort）を必要とする問題や活動だとする。Eを該当する分野や問題領域から入手可能な証拠とする。そして、ある生徒（S）について、もしSが、EまたはEのある部分集合がPの真実または実行可能性を立証するのに十分であると考えられるような方法でXを行う性向とスキルをもっているのならば、彼はX領域における批判的思考者であると言うことができる。

批判的思考のこの分析は、その使用によって成功がもたらされることを何ら保証するものではないことに注意されたい。すなわち、教育と同様に、それは「課題（task）」と「達成（achievement）」の概念なのである。実際のところ、Eについて懐疑的に見ることで、さらなる混乱を招くかもしれないし、単に効果的でないだけで終わってしまうかもしれない。とはいえ、Eに対して懐疑的に見ることは、ある問題に対してより良い解決をもたらそうとする意図、あるいは希望を以て行われる。したがって、「Sは Xについての批判的思考者だが、特にそれについて得意であるというわけではない」とSについて説明したとしても、特に矛盾はない。なぜなら、スキルには程度があるからである。スキルは、一般的に、具体的な（特定の）分野の知識や経験から生まれるものであることに注意する必要がある。一貫性などの論理的要件を満たすだけでは、（そのスキルがそのように論理（ロジック）として機能しない限り）その人を熟練者と見なすには十分ではない。したがって、スキルも批判的思考一般と同様に、親学問の領域や問題領域に関する詳細な知識と経験に寄生するものなのである。E（前記）の大部分は、これらの領域から生まれるものである。さらに、批判的思考は、多くの活動（例えば読解）の学習にとって有害であるかもしれない。しかし、その使用がいつなら適切なのかについての判断は、その分野の専門家が行うのがベストである。論理学者は、ある必要な条件が満たされているかどうかをチェックすることしかできないのであって、その作業は、人々がそれを判断する準備ができているかどうかという問題とは関係がない。

この批判的思考の分析がもたらすより重要な意味の一つは、批判的思考の範囲はとても広く、一般的な問題解決に関わるプロセスや、チェスのプレイ、登山、演技、演劇の演出、その他意識的な心的努力を要する多くの活動など、より特殊なパフォーマンスやスキルの基礎となる心的プロセス（mental process）の一部を含んでいることにある。また、それは（エニスが主張するように）「言明の評価」や（論理学の教科書が主張するように）「誤謬の発見」に限定されるものではなく、[*8]また必ずしも真理の追求を第一の存在理由としない、他の多くの有効な教育活動も含むものである。例えば、芸術、音楽、演劇、そしておそらく数学の分野では、私たちは何かの事柄についてそれが真偽であるかどうかということよりも、その実行に関するテクニック（それを批判的思考に適するようにするための手法や戦略、賢明な活用とおそらく修正を含む）に関心をもつことが多い。方法と戦略を「事後に」命題や言明として再構成できることが多いのは事実だが、批判的思考がこれらの命題や言明の評価ということに限定されると考えるのは軽率である。問題解決や手法の活用といったことを行うには、これらの活動内での言明または活動に関する言明を評価することと同じくらい、しばしば多くの批判的な洞察が必要とされる。*9 この戦略を他の戦略に代わって採用するかどうか、それとも何らかの方法で修正するか、あるいは何らかの標準的な手法を無視する／変更するかどうかといった判断は、すべて批判的思考をする人たちのミル（粉挽機）にとって穀物に当たるものである。そしてそれは、論理（ロジック）は命題に限定されるという理由から、形式論理学でも非形式論理学でも挽くことのできない穀物である。実際、ほとんどの教育活動は、言明の評価や真理の追求よりも、生徒たちに特定の知的スキルや方法、思考形態を身につけさせることに夢中になっていると言えるかもしれない。例えば、ジェローム・ブルーナーの「学問の構造」を教えるという処方箋がこれを試みていることは明らかであり、また、私が理解するところとしては、R・S・ピーターズの「イニシエーションとしての教育」をある価値のある「思考の形式（form of thought）」に導入しようとする考え方にも内在するものであることは確かである。また、最近の道徳教育の動向は、言明についての評価を重視するものではないし、何を考えるべきかを重視するものでもないのであって、道徳的な問題を解決する方法を重視している。これらの提案はすべて、ある種の規律のある心（disciplined mind）を教えようとするものである。規律のある心は批判的思考と相容れないものではなく、逆に、規律なき批判は軽薄である。

この批判的思考の分析には、言明に対する評価だけでなく、活動への積極的な関与も含まれており、ギルバート・ライルの言う「やり方を知っていること〈knowing how〉」（これはその事実を知っていること〈knowing that〉とは異なる）、つまりスキルの活用をいくらかだか含むことは明らかである。しかし、私が注目するスキルの種類は、例えば、さまざまな方法（研究方法、統計的方法、プログラミング方法）、戦略（問題を解決する、戦いやゲームに勝つ、山に挑む）、技術（結晶学か分光学か、モデルか写真か、伝えるか見せるか）の活用もしくは部分活用など、識別可能である知的な構成要素をもつものである。もちろん、これらの区別は厳密なものではない。「その事実を知っていること〈knowing that〉」以上のものが含まれていることとは明らかであるが、それらは、自転車のバランスを取ったり、ハイCを歌ったりするような純粋で単純で、所持者が意識していないようなスキルではない。[*10] すべてのスキルが批判的思考の活用を可能にするわけではないが、かなりの数のスキルがこれを可能にする。さらに、これらのスキルは通常、教育者が教えることに関心がある種類のスキルそのものである。

マイケル・ポランニーは、スキルに関する明晰な議論の中で、スキルを「それに従う人にそのように知られていない一連の規則を守ること」と定義しており、スキルのパラダイムケースとして水泳と自転車の乗り方を挙げている。[*11] しかし、このようなスキルについての見方は、方法、戦略、技術など、「それに従う人にそのようなものとして知られている」規則を説明することができないので、制限的である。さらに、ポランニーが考えているような「ルールの遵守」が、（批判的思考は言うまでもなく）何らかの思考を必要とするかについて明らかではなく、したがって、どのような意味で「ルールを遵守している」

と言えるのかも明確ではない。ある人がある活動（例えば科学研究）に従事する際、ある方法や手続きを日常的に用いることは可能であり、実際にそれは一般的でもあるが、このことは、その人がこれらの手続きを吟味したり、その欠陥に気づいたりすることができないということを意味するものではない。実際のところ、このような吟味は、批判的思考の最も高い形態の一つを代表するものである。

批判的思考は合理性、そして一般的な推論と完全に互換性があるが、この用語を同等と見なすべきではないだろう。批判的思考という概念は、ある特定のタイプの思考を示すものである。合理性の正確な意味は、この分析の範囲を超える複雑な問題である（ただし、これについては第2章で詳しく述べる）[12]。現在の文脈では、合理性とはある問題を解決するために「利用可能なすべての証拠を賢く利用すること」であると解釈しても、不公平は生じないだろう。もちろん、証拠という概念には困難がある（例えば、何が証拠として重要なのか）。また、合理性は、ある種の証拠を無視することを容認することもある。しかし、まさに推論におけるこうした問題の分岐点でこそ、批判的思考がその概念的な内容を導き出すのであり、批判的思考の活用はおそらくここで最も有用となる。実際、このような分岐点に到達したことを認識することにさえ、批判的思考を必要とするのである。これらのことは、批判的思考を合理性から切り離すものではなく、ましてや合理性と相容れないものでもない。むしろ合理性は、批判的思考を合理性それ自体の中の特定の側面（または一部）として含んでいる。批判的思考という概念は、通常の推論の過程でそのような困難を発見する性向とスキルを構成する合理性の一面を示すに過ぎない。

この時点で、すでに特定されている批判的思考の主要な特徴を要約しておくとよいかもしれない。

1. 抽象的な形で批判的思考を教えること、つまり具体的な領域や問題の範囲から引き離して教えることを主張していくことは、混乱した無理解となる。ある種の事柄を考えるということは、常に「Xについて考える」ということである。批判的思考はまったく独立した教科としては成立しない。

2. 批判的思考という用語は、それ自体で意味認識できるが、その正しい活用を確かめる尺度は、それぞれの領域によって異なる。

3. 批判的思考は、これまで受け入れられてきた規範（norm）とは合意しえないもの、そうした規範から逸脱するもの、こうした規範を拒否するものを必ずしも含んでいるとは限らない。

4. 反省的懐疑というフレーズがこの概念のエッセンスをつかんでいるが、より完全な表現としては、「P（Xにおけるある命題や行為）の真実性や実行可能性を立証するのに十分だとして、E（ある分野や問題領域から入手可能な証拠）を一時停止する（あるいは一時的に却下する）ような方法でXを行うことのできる性向とスキル」といったところになる。

5. 批判的思考は単に言明の評価のことだけを指すのではなく、問題解決やある諸活動に主体的に携わっていく上での思考過程を含んだものである。

6. 論理（ロジック）の学習（それが形式論理学であれ、非形式論理学であれ）は、決して批判的に思考するのに十分なものではない。

7. 批判的思考が主題／教科領域の知識やスキルと関わる限り、X領域における批判的思考のできる人が、Y領域でも批判的に思考できるとは限らないことになる。

8. 「批判的思考」は（「教育」や「授業」と同様に）「課題（task）」と「達成（achievement）」というフレーズのものであって、必ずしも「成功」を暗示するものではない。

9. 言明の評価に加えて、批判的思考は模範的な手段、戦略、技術の活用（およびその拒絶）を含むものである。

10. 批判的思考は「合理性（rationality）」と同一の広がりをもつものではなく、「合理性」の一次元である。

この分析で触れられなかった批判的思考の他の側面があることは間違いないところである。しかし、この概念の部分的な分析でさえ、次章で見るように、教育に関連した批判的思考の議論を取り巻く混乱や意見の相違の多くを明らかにするために、いくらかの道を歩むことができる。

批判的思考の教授可能性

批判的思考とは何かという作業構想（working conception）をもつことで、私たちは「批判的思考は教えられるのか」という問いを立てるのに少しでも良い立場をとることができる。しかし、この問いに正面から取り組む前に、批判的思考を教えることについての支配的な見解や「受け売り」になっているものを考えてみよう。批判的思考を教えることに関する多くの教科書や論文が、論理（ロジック）の活用と誤謬の発見に大きく焦点を当てていることは、すでに指摘されてきた通りである。このアプローチの理論的根拠は、もし生徒が論理（形式論理学・非形式論理学の両方）の微妙な違いに慣れ、その適切な使い方に習熟していれば、後にこのスキルを実際に使うかどうかにかかわらず、少なくとも批判的思考の初歩を知ることになるだろう、というものである（これらの教材の中で最も優れたものでさえ、「本教材で生徒を論理に導くことはできるが、生徒にそれを使わせることはできない」ことを認識しており、その主張は控えめだ！）。このアプローチは、学問の境界を越えてトレーニングが広範に転移される（あるいは将来的に転移されるはずだ）ということを前提としている。しかし、かつてラテン語の教育を擁護する際に同様の主張がなされた時と同じく、この仮定は実証されたことがない。実際のところ、反対の証拠もある。[*13]

しかし、このような批判的思考へのアプローチには、これらの提案のうちより控えめなものが認識しているところよりもはるかに深刻な欠陥がある。批判的思考と呼ぶにふさわしい普遍的なスキルは存在しないという先ほどの指摘とはまた別に、あらゆる問題解決状況においての論理（ロジック）の有用性には、固有の限界がある。私が考えている具体的な困難は、科学哲学の中で、「発見の文脈」と「正当化の文脈」の区別にその骨格がある。[*14] ごく簡単に言えば、発見の文脈は、仮説の形成（または生成）に関わる思考過程に関係し、その一方で正当化の文脈は、いったん提唱された仮説の証明の可否に関係するものである。[*15] 論理実証主義者は、発見の文脈は心理学者、社会学者、歴史家の独占領域であり、哲学の領域ではないと主張した。なぜなら、この領域には哲学が再構築すべき論理が存在しない（とされている）からである。一方、正当化の文脈は、合理的なプロセスであるため、ポパーは「合理的な再構築」に適しており、哲学と論理学にとって重要な領域であった。この流れで、ポパーはこう書いている。

最初の段階、つまり理論を思いついたり発明したりする行為は、論理的な分析を必要とするものでもなければ、その影響を受けやすいものでもないように私には思える。音楽のテーマであれ、ドラマの葛藤であれ、科学的な理論であれ、新しいアイデアが人に思い浮かぶのはなぜかという問題は、経験心理学にとっては大きな関心事かもしれないが、科学的知識の論理分析には無関係である。[*16]

私は、この見解[*17]が、発見と正当化の区別をあまりにも排他的にしており、また、発見の文脈における多くの重要な哲学的問題を見落としていると批判してきた。しかし、論理実証主義者が正当な評価を受けなければならない重要な点が一つある。それは、こうした論理（ロジック）が、いったん提示された論証や理論を評価し、正当化するために用いられるものであるとの主張部分である。しかし、問題解決の場面で、論理（ロジック）は、仮説や理論、論証を生み出す（あるいは定式化する）ことができない。あくまでも、その仮説を検証するためだけに使うものなのである。このようなチェックのために論理（ロジック）のツールが使えるというのは、実に貴重なことである。しかし、解決は可能性と仮説に頼るため、問題状況を脱する方法を見つけるに当たって、論理（ロジック）のツールはほとんど役に立たないのである。論理（ロジック）は、不確実な情報に基づく仮説や推測、もっともらしい解決策を排除するのに役立てることはできるのだが、仮説・推測・解決策を提供することはできない。学問分野や知識の実際的な運用領域での最も一般的な問題解決の場面において、最も困難で、そしておそらく最も重要な段階は、確認したり挑戦したりする価値のある仮説・推測・選択肢を生み出す段階である。N・R・ハンソンがよく言っていたように、「ウサギのシチューの料理レシピはすべて、『最初にウサギを捕まえて！』という処方で始まるべきである」。批判的思考において、私たちはウサギを捕まえることについて、ウサギを煮込むことに同じくらい関心をもっている、あるいはもつべきなのである。このことは、生徒に学問を教えるときや、生徒を「思考の形式」に入門させるとき、もっとも明白になる。批判的思考の代用品として論理（ロジック）を教えることの最も深刻な欠陥は、代替案や可能な解決策を自分自身で構築することを助ける上で、論理（ロジック）が事実上無力であることである。そしてこれは、あらゆる問題解決の場面での必須である。論理（ロジック）は、生徒たちが何らかの論文や論証を正当化するのを助けることはできても、それを発見するのを助けることはできないのである。誤った仮説や不十分な解決策を排除し、解決に近づけるのだから、論理（ロジック）は問題解決に役立つはずだと反論する人もいるかもしれない。私もその考え方を否定はしない。しかし、論理（ロジック）自体は仮説（あるいは想定された解決策）を生み出すことも提示することもできないのだから、問題解決者は自らでそれを構築しなければならない。しかも、初期段階において想定されたあらゆる解決策に説得力をもたせてくれるのは、論理（ロジック）ではなく、その分野や問題領域における知識や情報である。批判的思考の文脈における論理の欠陥、そして一般的な発見の文脈に対する私たちの理解の欠陥は、心理学での研究実践を批判するデーヴィッド・バカンの声明に明確に表現されている。

仮説の検証を重視することは、本質的に悪いことではありませんし、研究活動全体の重要な一部です。しかし、私が指摘したいのは、研究活動が仮説の検証という段階に達した時点で、重要な仕事の大半は、もしあったとしても、すでに終わってしまっているということです。心理学者は、カウボーイを演じる子供のようなもので、本業である牛の世話以外はすべてカウボーイの真似をしている、と考えたくなるようなものです。科学者の主な仕事は、事前には考えられなかったことを考えたり発見したりすることです。心理学者はしばしば、本業を避けて「科学者ごっこ」をしようとします。*[18]

同様に、論理学の教科書は、発見という文脈での諸問題の解決という主要な作業を避けて、「批判的思考ごっこ」をすることが多い。

論理（ロジック）が問題解決者にいくつかの処方箋（例えば、曖昧さや質問攻めや矛盾を避けることなど）を提供できる場合でさえ、それらはすべて一般的すぎており、またしばしば当たり前すぎることなので、問題解決には事実上役立たない。一般的な問題解決に関する最先端の先行研究は、*[19]ヒューリスティック・デバイス（試行錯誤によって学習される経験則）に大きく依存しており、したがって論理（ロジック）よりも柔軟であるが、こうしたヒューリスティックの限界についても、一般的にかなりオープンに語っている。ヒューリスティックの適用領域が一般的であればあるほど、その提案する解決策の精度は低くなり、したがってそのヒューリスティックな力も弱くなることは公然の事実である。例えば、そのような一般的なヒューリスティックの一つに、「データの最も重要な特徴を吟味することで、もっともらしい仮説を含んだ等級（クラス）を提言せよ」というものがある。[*20] しかし、このような提言は、どの特徴が最も「重要」なのか、もしくはどの等級（クラス）の仮説が一番「もっともらしい」のかについて、人はどのように知ることができるのかといった、実際の問題解決者が直面する興味深く難しい問いを投げかけてくることになる。これらの問いに対する正しい答えは、「問題解決や批判的思考、論理学の講義を受けることではなく、問題が生じている学問分野を学ぶことによって、人はこれらのことについて学ぶのだ」というものになるはずだ。

このことは私たちを、批判的思考は教授可能なのかという問いに戻らせることになる。私は、批判的思考には傾向とスキルの両方が含まれることを示唆した。どちらも必要なものなのだ。なぜなら、どちらか一方だけでは、ある人を「批判的思考者」と呼ぶときに通常意味することを理解するのに十分ではないからである。したがって、批判的思考者になるように教えることは、生徒がある領域で学ぶ際の認知的領域と感情的領域の両方を含むことになる。良心的な教師は、その成果が他の分野でも転移・発揮されることを望むが、他の分野で求められるスキルがまったく同じであると信じる理由はほとんどないため、その分野での成功に満足すべきである。そして、もし生徒たちがそのスキルをもたない領域でその傾向を持ち込んでしまうと、生徒たちは恥をかく可能性が高い。ソクラテスが示唆したように、少しの学習は危険なことなのだ。

ある特定の学習分野であっても、批判的思考を促進しようとする教師には、少なくとも二つの区別できる課題が待ち受けている。一方で教師は、手順やスキルの問題である「ハウ（how）」を教えているのであり（teaching how）、他方で教師は、性向、傾向、または気質の問題である「ツー（to）」を教えている（teaching to）のである。[*21] そして、一方を達成するために教師が行うことは、もう一方を達成するためには十分ではないかもしれないのだ。要するに、教師は生徒に能力とそれを使う意志の両方を与えようとしているのである。私は、ジョン・パスモアがこの組み合わせを「性格特性（character trait）」[*22]と呼ぶことが、特に役に立つとは思えない。なぜなら、性格特性とは、さまざまな試みに適用される、より一般的な性向からなるものだからである。さらに、性格特性は、人格の中で多かれ少なかれ不変のものであり、その性質は主に感情的であることを意味している。

批判的思考がスキルであるならば、それだけそれは他のスキルを教えることができるのと同じやり方で、つまり、ドリルや演習、あるいはある分野の問題解決を通じて教授可能なはずである。しかし、教師は何年も前から練習問題やドリルを課してきたが、望ましい結果は得られていない。このように、単に練習問題を与えるだけでは十分でないことは明らかである。教師だけでなく、教育界全体が、どのような問題や演習が適切であるかをより明確に理解する必要がある。生徒が何を期待されているかを理解することも、このような努力の成否に影響するのは間違いない。批判的思考がスキルを伴うものである限り、少なくともその部分は原則的に直接的に教えることができるわけなのだが、しかし、正しくも批判的思考と呼ばれる普遍的なスキルやカリキュラム教科は存在しないため、他の教科と一体となって教えられるべきであるということを付け加えておきたい。他教科と統合しないことは、未知の文字を使ったタイプライターでタイピングを教えるようなものである。つまり、概ね「恋の骨折り損」となってしまう。

しかし、批判的思考のスキルを教える原理と方法が理解されたとしても、生徒たちにこれらのスキルを使わせる、つまり生徒たちの通常の知的レパートリーの一部になるようにする、という問題が残る。教師の態度や教室の雰囲気の中で、生徒たちが個人的にこれらのスキルを使う気になるような影響を与えなければならない。人の好みや性向に影響を与えるさまざまな方法や手段についての提案は数多くある。人々に批判的に考えさせることは、実は道徳的に行動させることと同じかもしれない。昔、アリストテレスは、人々にXを（気質的に）起こさせる方法は、従うべき良い例を提供することであると示唆していた。最近では、ジェローム・ブルーナーが、さまざまな原理や考え方の「力（power）」を知ることで、生徒がそれを使うようになると提案している。私は、このような提案にはかなりのメリットがあり、少なくとも部分的には正しいと確信している。しかし、この疑問に対する最終的な答えは、経験科学的な問題に大きく左右されるため、ここで解決することはできない。私たちの目的としては、特定の批判的思考スキルの訓練だけでは批判的思考者を生み出すには不十分であることを認識すれば十分である。人はまた、そのスキルを使うための性向についても身につけなければならないのである。

結論

この章では、批判的思考に関しての多くの取り扱い方において、混同され、誤解されていると思われる点の多くを払拭しようと試みた。批判的思考や非形式論理学に関する講座やテキストが急増したことで、それらが教えようとしていることが何なのか、正確に明らかにすることが求められているようだ。手始めに、私は批判的思考とは反省的懐疑の適切な活用のことであり、これは必然的に特定の専門分野や知識と結びついていることを示唆した。しかし、今回の分析は、批判的思考をより完全に理解するための骨組みを提供したに過ぎないため、もっと多くのことを語る必要がある。その理解は、教育全般におけるその機能を考慮することによって、最もよく到達することができる。

注

＊1　Robert H. Ennis, 'A concept of critical thinking', *Harvard Educational Review*, vol. 32, no. 1（Winter, 1962）, pp. 83–111. エニスの批判的思考に関する見解については、後ほど詳しく述べることにする。

＊2　この文献の良い紹介としては、P. C. Wason and P. N. Johnson-Laird (eds.), *Thinking and Reasoning* (Harmondsworth: Penguin, 1970）がある。いくつかの論文には豊富な参考文献が掲載されている。

＊3　マイケル・ポランニーは、『個人的知識（*Personal Knowledge: Towards a Post-Critical Philosophy*）』（New

York: Harper and Row, 1962, p. 264）の中で、次のように主張している。「『批判的』や『無批評的』という形容詞は、ある思想の受容または拒絶を認める意図的なプロセスにのみ適用される」。

＊4　教育の文脈における「創造的」であることの分析については、次の論文を参照。J. P. White's 'Creativity and education: a philosophical analysis', in Jane R. Martin（ed.）, *Readings in the Philosophy of Education: A Study of Curriculum*（Boston: Allyn and Bacon Inc., 1970）, pp. 122–37.

＊5　'On teaching to be critical', in R. S. Peters（eds.）, *The Concept of Education*（London: Routledge and Kegan Paul, 1967）, p. 193.

＊6　ジョン・パスモアは、批判的思考は習慣でもなく、単なるスキルでもないことを次の論文 'On teaching to be critical' において明確に主張している。私のコメントは、私がこれに同意していることを示すものである。

＊7　'A concept of critical thinking', p. 84.

＊8　*ibid.*

＊9　私がここで描いている区別は、アブラハム・カプランが次の著書の中で「使用中の論理」対「再構築された論理」と呼んでいるものと相応する。Abraham Kaplan, *The Conduct of Inquiry*（San Francisco: Chandler, 1964）, pp. 3–17.

＊10　ジェーン・ローランド・マーティンは、次の著書において、ライルの「事実を知っていること（knowing that）」と「やり方を知っていること（knowing how）」についての最初の区別を多かれ少なかれ消し去り、それぞれが他の重要な要素を含むことをとりわけ示していると私は考えている。*Explaining, Understanding, and Teaching*（New York: McGraw-Hill, 1970）, pp. 146–52. また次の論文も参照のこと。'On the reduction of "knowing that" to "knowing how", in B. O. Smith and R. H. Ennis（eds.）, *Language and Concepts in Education*（Chicago: Rand

McNally, 1961), pp. 59–71.

＊11 *Personal Knowledge*, pp. 49–65.

＊12 「合理性」に関する現代的な文献の優れた初期のものとして、次がある。Bryan R. Wilson (ed.), *Rationality* (New York: Harper and Row, 1970).

＊13 この証拠についての明快な議論は、次の著書を参照されたい。Bryce B. Hudgins, *Learning and Thinking* (Itasca, Ill.: F. E. Peacock, 1978).

＊14 この区別は、ハンス・ライヘンバッハが『経験と予測』で初めて明らかにし、カール・ポパーが『科学的発見の論理』で使い続けている。Hans Reichenbach, *Experience and Prediction* (Chicago: University of Chicago Press, 1938); Karl Popper, *The Logic of Scientific Discovery* (New York: Harper and Row, 1968).

＊15 この区別に関する長い議論については、次の拙著（未出版の博士論文）を参照のこと。'A logic of discovery: lessons from history and current prospects', un-published Ph. D. dissertation, Dissertation Abstracts, University of Michigan Microfilms (Ann Arbor, Michigan), 1973.

＊16 *The Logic of Scientific Discovery*, p. 31.

＊17 'The context of discovery in context', *Proceedings of XV World Congress of Philosophy*, Varna, Bulgaria, 1973, Book III. 次の拙稿も参照のこと。'A logic of discovery', pp. 1–33.

＊18 *On Method: Toward a Reconstruction of Psychological Investigation* (San Francisco, 1968), p. 44.

＊19 この文献は現在では膨大な量になっているが、その良い入門書としては次がある。E. Feigenbaum and J. Fddmin (eds.), *Computers and Thought* (New York: McGraw-Hill, 1963); A. Newell, J. Shaw, and H. Simon, *Elements of a Theory of Human Problem Solving*, Paper P-971, the Rand Corp. (Santa Monica, 1957); M.

L. Minksy, 'Some methods of artificial intelligence and heuristic programming', in *Mechanization of Thought Processes* (London: HMSO, 1959); A. Newell 'Heuristic programming: ill-structured problems', to appear in *Progress in Operations Research* (in press); B. Kleinmuntz (ed.), *Problem Solving: Research, Method and Theory* (New York: Krieger, 1965).

＊20　C. West Churchman and Bruce G. Buchanan, 'On the design of inductive systems: some philosophical problems', to appear in D. Michie *et al.* (eds.) *Machine Intelligence* (in press).

＊21　これは、ジョナス・ソルティスが、彼の次の論文（一九七〇年四月三〇日から五月二日にトロントのオンタリオ教育研究所で開催された「教育哲学の新しい方向性に関する会議」で発表した未発表の論文）において区別した四種類の学習（learning that, learning how to, learning to and states of attainment like 'appreciation'）のうちの二種類と合致している。Jonas Soltis, 'Analysis and anomalies in philosophy of education'.

＊22　'On teaching to be critical', pp. 195–7. しかし一般的には、これは優れた論文である。

第2章

批判的思考、認識論、教育

教育関係者は、生徒たちの批判的思考能力の欠如を嘆いているため、一般的に論理学や批判的思考を学ぶ正式なコースを設定しようという提案を受け入れる傾向にあるようだ。それが、この種の痒いところに手が届く最も自然な方法であるように思われるだろう。しかし、このような人々は、批判的でない生徒たちの真の問題は、論理的能力のような一般的なスキルの欠如ではなく、より一般的な意味での教育の欠如であることに気づいていないようである。本章では、論理学のコースがなぜ批判的思考者の育成という目的を達成できないのか、そしてこの目的にとって、どのようにさまざまな主題／教科の認識論が最も合理的なルートとなるのかを示そうと思う。皮肉なことに、批判的思考に対する認識論的アプローチは、教育の必要条件であったもの、すなわち、さまざまな信念の正当な理由となるものを理解することを提供する以上のものではないことが判明することになる。つまり、認識論、批判的思考、教育の間には、概念的な繋がりと教育学的な繋がりがあるが、論理学や批判的思考の研究はこの繋がりに関与していない。

第1章では、批判的思考についての考え方は、言明の評価や命題の文脈についての評価に限定されるものではなく、決定、スキル、方法、技術などにも及ぶという指摘がなされた。このように批判的思考の範囲をより広く捉えることは、批判的思考についての教科書的な説明とは一線を画すものである。しかし、この章では、ほとんどの学問的な教科で最も関心の高い分野である、言明の評価に限定して議論することにする。この文脈で批判的思考を開発するに当たってのこれまでの標準的なアプローチは、論理（ロジック）とさまざまな種類の一般的な推論スキルを教えることであった。おそらくこのアプローチの理論的根拠は、論理（ロジック）はあらゆる主題／教科で役割を果たし、論理（ロジック）は推論と密接に関係しているため、論理（ロジック）を学ぶことで、あらゆる主題／教科領域の論証や言明を評価する能力が向上するはずだ、というものであろう。私が主張したいのは、このような理屈が成り立つのは、論証の際に使われるさまざまな種類の情報の複雑さを深刻なまでに過小評価し、その評価における論理（ロジック）の役割を過大評価することによってのみ可能であるということである。つまり、問題になっているのが、ある言明や論証の合理的な評価であっても、そのような評価のための主要な要件は、その性格上、論理的なものではなく、認識論的なものであるということである。

私が使っている「認識論的」という用語は、何もエキゾチックなものではない。それは単に、さまざまな信念をもつための正当な理由（reason）を分析することを指している。もちろん、理想的には、認識論は信念をもつための最良の理由を提供しようとするものであり、この限りにおいて、その目的は合理性のそれと同じである。しかし、最良の理由は、論理学者的な意味での論理的確実性を伴う必要はない。数学や論理学以外の多くの研究分野では、「良い理由」については、より厳密でない尺度に依存し、それに満足しなければならない。知識にはさまざまな種類があるように、理由や証拠、それを正当化する様式にもさまざまな種類がある。ある種の信念には良い理由であっても、別の信念を支えるには極めて悪質な理由となる可能性がある。ある人が特定の学問分野を理解できるようになったと言うとき、それは特に、その人がその分野で何が良い理由となるかを理解していると言っているのである。しかし、どのような分野であれ、正当な理由を理解するための最低限の条件は、そのような理由が表現される特別な、しばしば技術的な言葉の意味を完全に理解することであることに注意しなければならない。つまり、場に依存する命題の意味内容を理解することが、その評価の前提条件となる。この基本的な理解は、評価の対象が論証全体であろうと、一つの文であろうと必要である。実際、私が、どのような分野でも批判的思考を発達させるために追求すべき最も重要で、最も困難で、最も実りある領域として強調したいのは、言明、および論証の評価におけるこのストレートな意味論的側面である。私がこのような強調を「認識論的」と呼ぶのは、それが命題間の論理的（あるいは構文的）関係よりも、言明の意味（あるいは意味論的な内容）にはるかに深く関わってくるからである。例えば、P→Qと表現される命題では、PとQの間の構文関係（記号→で表現）を理解するよりも、PやQが何を意味しているのかを理解することの方がはるかに重要で複雑である。それゆえ、私は論理的アプローチによる批判的思考から基本的に離れている。

さらに、ここでいう「認識論」は、辞書的な意味での単純な言葉の意味に限定されるものではないことを指摘しておこう。むしろ、概念や証拠の性質の特殊性を、それらが発せられる分野の実務家によって理解されるように理解することも含まれるのである。例えば、「質量」という用語と、それに対応する「質量は膨張する」という文章は、物理学とマルクス主義の政治理論の文脈ではまったく異なる意味をもつ。どちらの意味もそれぞれの文脈で意味をもつが、両者はまったく異なる意味合いと呼称をもつ。しかし、ここで重要なのは、これらの異なる概念とその定義を十分に理解するためには、その分野に特有の他の概念や証拠も理解する必要があるということである。要するに、私にとっての認識論とは、単に信じるに足る良き理由を分析することを意味するものであるが、さまざまな種類の理由を理解するには、分野に依存した諸概念や証拠の複雑な意味を理解する必要がある。

論理学による批判的思考へのアプローチは、情報を一般的に「単なる情報」として、あたかも年鑑や百科事典を参照すれば常に発見し理解することができるものかのように扱い、こうした認識論的考察を回避する。論理学においては、情報やそれを伝える言明は、PやQに入る値や記入子（place-holder）に過ぎず、それを論理ルールで操作することになる。実際、こうしたルールでの訓練は、批判的思考に唯一とは言わないまでも、大きく貢献するものである。これに対し、私の見解では、証拠の暗黙のルールや概念の意味といったものが、言明や論証を適切に評価するための主要な決定要因である。しかし、この点を理解するためには、批判的思考が必要とされ、論理学的アプローチが最も役立つとされる、より身近な状況をいくつか見てみることが有効かもしれない。

論理は実践理性を向上させることができるのか?

周囲を見回してみると、政府が国民投票や住民投票を求めるような新しい公共問題が常に存在するように思える。それが新しい原子力発電所の建設もしくは新設の禁止でなければ、新しい税制改革策や法律の改正である。時に私は、責任ある市民として、単なる政治的意見とは異なる「知識」をもって投票できるように、これらの問題の「真相究明」に向けて最善を努めることがある。そして、その都度自分がいかに専門家の知識や技術情報に依存しているかに、また、論理学や批判的思考を正式に学んだとしても、こうした問題の解決にほとんどそれがいかに役立つところが少ないかにいつも驚かされる（より正確に言えば、失望する）のである。この種のリアルな問題は、論理学の教科書に載っているような、関連する情報がすべて先に与えられており、そして前提の真偽がすでに仮定されているような作為的な練習問題とはまったく異なるものであることは明らかである。むしろ、現実の公共問題を判断する際に、私たちが困難と感じるのは、論証の論理的妥当性ではなく、ある前提が実際に正しいかどうかを判断する作業である。そして、この後者の困難は、否応なく、専門的な主題／教科の領域という未知の領域に踏み込むことになる。そこでは、それぞれの疑問が他の疑問を生み、認識論的な不確実性があふれている。そして、専門家の証言が、おそらく異なる理論に基づいているがために矛盾しているように思えるような場合、私たちの困難はさらに深刻になるのである。

このような意思決定を行う際の難しさの一つは、処理しなければならない情報が非常に多いということである。この困難は、身近な問題でもそうでない問題でも起こりうるが、このような身近でない専門領域の最も顕著な問題は、専門的言語の知識と認識論の枠組みを前提としていることであり、これらはいずれも素人にはもちえないものである。このような場合に問題となるのは、証拠の量ではなく、その質である。例えば、問題になっている問いが法律的な側面をもつ場合、こうした真理はあまり重要でないと私たちはわかることになるかもしれない。憲法改正の問題では、憲法の歴史的な目的や意義はもちろん、政治学や法学などの専門的な知識が必要になるかもしれない。身近な税制改正の問題でも、経済学、財政スライド、自治体財政に関する事柄、そしてその他に何をもって「正当な理由」とするかさえわからない専門的な知識ですら私たちは知る必要がある。

皮肉なことに、論理学の入門書は論理学が最も役立つ場面と主張するのは、前記のような公共問題の検討においてだと主張している。その例として、新聞の社説、編集者への手紙、政治家の演説、あるいはメディアによる公共問題の解説が必ず引用される。しかし、このような問題に対する論理学的アプローチは、このような問題に関わる特別な知識に関連する認識論的問題を完全に無視している。その結果はしばしば、複雑な公共問題に対する深い洞察かのように見せかけただけの表面的な意見に堕ちてしまうのである。

結論に至る推論について、教科書に載っている単純と思われる例でさえ、推論の多くが特定の専門的な情報に依存していることに驚かされる。そのような教科書の中から、任意に選んだ二つの例を考えてみよう。*1 何らの追加情報も与えられることなく、生徒は次のように指示されることになる。

次の類似的論証がなぜ帰納法的に強いのか、あるいはなぜ強くないのかを説明しなさい。

1．ロバート・トライオンのラットの繁殖実験から、選択的繁殖（優生学）がラットの知能に影響を与える可能性がある。遺伝についてわかっていることは、ラットとヒトが多くの遺伝原理を共有していることを示している。したがって、優生学が人間の知能にも影響を与える可能性は高いと思われる。

（……）

3．ＬＳＤを常用すると、身体に大きな悪影響がある。マリファナはＬＳＤと同じ幻覚剤であるから、マリファナも大きな身体的悪影響をもたらすだろう。

もし、それぞれの例で与えられた情報が実際に真であり、これらの論証を評価するために他の情報が必要ないのであれば、私はいずれの事例も、強いか弱いかのどちらかであるかもしれないと主張する。しかし、章末に示された「正解」は、それぞれ次のようになっていた。

1．この論証は帰納法的に強い。遺伝のメカニズムは、人間を含むすべての動物で基本的に同じである。したがって、ラットと人間は推論された性質に関連する多くの性質を共有している。遺伝について私たちが知っていることを踏まえるなら、関連する異同があるとしてもほとんどないように思われる。多数のラットがテストされてきており、同じ遺伝原理を共有しながら推論された性質を欠く動物を私たちは知らないので、この議論の結論はありうる。

（……）

3．論証が帰納法的に弱い。ＬＳＤとマリファナが幻覚剤であることだけが共通の性質として挙げられている。関連する非類似性もある。ＬＳＤはマリファナよりはるかに強力である。したがって、このままでは論証が弱い。

しかし、この著者は自らの主張をする（make his case：私は「示す（show）」とは言わない）ために、専門的な情報を加えることを余儀なくされていることに注目してもらいたい。弱いか強いかの評価は、さらなる情報なしには成り立たないのに、生徒たちはこうした必要な情報なしに評価しなければならないという不利な立場に置かれている。このような例は、必要な追加情報が単なる常識や一般的な知識であるという理由で弁護することはできない。なぜなら、このような論理学の練習の目的は、議論の強弱を決めるのは、内容とは異なる議論の「形式上の」何かであることを示すことにあるからである。もしある生徒が、幻覚剤はすべて危険である（さまざまな毒物がそうであるように）、あるいはラットの迷路走破能力は人間の知能とは明らかに異なる（これは説得力のある話である）と信じていたとしたら、これらの論証の強さに対するその生徒の評価は、この著者と正反対になりうる。

これらの例からわかることは、私たちは通常、論証の論理的妥当性よりも、想定される証拠の真偽に困らされているということである。なぜなら、そのような判断は特別な知識に依存しているからである。証拠の適切な重要性（意味）を評価するためには、人は特定の意味の領域に参加する仲間にならなければならない。実際、その証拠が出てくる探究領域は、慣れ親しんだ論理学の規準が適用されない領域かもしれない。そのような領域の例は、芸術、宗教、道徳に限らず、量子物理学、経済学、法律、その他数え切れないほどの探究領域が含まれる。また、通常の論理学の常識が通用しないからといって、そのような領域に認識論的な欠陥があるわけでもない。むしろ、異なる分野では、異なる種類の理由が良い理由としてカウントされうる（そして実際にカウントされている）のである。この観察の重要性は、批判的思考のための論理学の支持者たちによって、その大部分が見過ごされてきた。しかし、批判的思考に対するこの意味は、論理（ロジック）それ自体が修正することができることを超えている。

さまざまなタイプの問いについて

批判的思考に対する論理的アプローチが情報を軽視もしくは最小化する度合いを示すもう一つの兆候は、「概念的か経験科学的か」という区別を殊更に重要視する点にある。経験科学的な問いなのか、それとも概念的な問いなのかを知ることは、それによってどのような分析が最も適切かを決定することになるため、大変に重要であることは明らかである。例えば、ある言明や論証が、その形式だけによって真であると主張される場合、概念的な分析と演繹的な論理がここで活用されるのに適切な手段となる。一方、言明や論証が事実の報告として意図されている場合は、観察と帰納法的論理が適切な分析手段となる。したがって、この区別が批判的思考への論理的アプローチで学ぶべき最初の教訓となるのは驚くことではない。しかし、このアプローチに対する私の反対意見の一つは、この区別がしばしば最終的な教訓にもなってしまう点にある。

ほとんどの論証はほぼ間違いなく演繹的か帰納的であり、また論理的アプローチでは論理を使うことができる点が特徴であるため、このアプローチの魅力は、分析を必要とするほぼすべての状況をカバーできることである。この場合にとかくすべきことは、人がどのような言明や論証を扱っているのかを判断し、適切な論理的手段を講じることである。しかし、この方法には二つの重大な欠点があり、そのため、その一般的な力は、実際よりも見かけ倒しになっている。第一の欠陥は、生徒たちが、あるいは誰もが、概念的な問題に直面したときと、経験科学的な問題に直面したときとを一般的に認識できることを前提としていることである。しかし、問い、言明、論証には、すぐに識別タグが付けられるわけではなく、熟練した論理学者でも、この判断を確実に行うことは難しいことが多い。[*2] このような判断が難しい主な理由の一つは、この作業には、問いや言明が発生する分野の専門的な知識が必要になることが多いからである。また、同じ探究領域であっても、どのような言及がどちらに属するのかについては、いつも確立されているとは限らない。例えば、昆虫学の分野では、「クモは八本足である」という命題を経験科学的観察によるものと見なすか、概念的真実と見なすかで論争になったことがある。この問題は、未婚であることが「独身者」の定義であるように、八本足の昆虫をすべて「クモ」と定義することで最終的に解決された。現代物理学でも、「水は百℃で沸騰する」という文の論理的位置づけについて、同じような論争がある。これは経験科学的な記述なのか、概念的な真理なのか。答えが何になろうとも、論理学の訓練の量が、この答えを提供するわけではない。

「概念的か経験科学的か」という区別を過度に重視することの第二の欠点は、カテゴリー間の差異よりもずっと重大となるそれぞれのカテゴリー内での（命題の）差異について覆い隠してしまうことである。

例えば、次のような一対の文章を考えてみよう。

1．生物は刺激に反応する。［現在のところ、概念的な真理である］
2．生物Xはどの特定の刺激に反応するか？［経験科学的な問い］

前記の文章を理解するための認知的要件の差は、たとえ一方が概念的で他方が経験科学的であったとしても、次の問いに答えるために必要な差よりはるかに小さい。

3．改良された分光法で、星の中心温度を測定することは可能か？［経験科学的な問い］
4．今夜、星は見えるか？［これも経験科学的な問い］

3と4は同じ論理の型（つまり、経験科学的）であるが、それを理解するための認知要件の差は、1と2のそれよりもはるかに大きい。経験科学的な情報内部の複雑さの度合いも、それぞれの情報間の複雑さの度合いも、事実上無限大である。このような大きな差異を十分に考慮しない批判的思考育成プログラムは、批判的思考に必要となるさまざまなタイプの知識と認知スキルを非常に表面的に理解してわかった気になってしまう危険性がある。「概念的か経験科学的か」という区別や「演繹的か帰納的か」という区別に頼ることは、こうした根本的な差異をわからなくしてしまう傾向がある。前述の二つの欠点はいずれも、情報とその複雑さの役割を最小化することの直接的な結果であるが、それは批判的思考に対する論理的アプローチのもつ本質的な特徴でもある。

異なる論理の存在について

効果的な批判的思考の要件についての私の考え方にある実践的な含みの一つに、人は幅広い研究分野での基本的な概念と認識論的基礎を理解しなければならないということがある。そして明らかにこの含みは、幅広い分野・領域で相当量の特殊化された研究の必要性をほのめかすものである。対照的に、論理学アプローチの一見したところの魅力は、たった一つ、あるいはせいぜい二つの一般的なシステムを教えることによって、一般化された批判的思考スキルを約束することにある。そのため、批判的思考に対する論理的アプローチの方が、努力の経済性において明らかに有利であるように思われる。しかし、この見解に対する私の一般的な認識論的な反論はひとまず置いておくとして、その一般的な有効性に疑問を抱かせるような深刻な内的困難が存在する。実際、この困難は、論理学の研究領域の成長そのものに起因している。

過去百二十五年間、私たちはブール代数、非ブール代数、多値論理、様相論理、脱論理の論理、量子論理、決定論的推論モデルなど、多くの多様な論理の発展を目撃してきた。これらの論理のそれぞれにおいて、妥当性の概念は、それ自体に特有の推論規則に従って相対的に定義されている。形成規則や離脱規則は、ある種の推論を承認し、他の推論を禁止することによって、ある種の仕事をするように設計されている。このような論理の乱立は、人間の探究領域が異なれば、検証の方法も異なるという事実を物語っている。単一の論理システムで、すべての分野の検証手順や、一つの分野内のすべての問題領域を把握することはできない。特定の問題領域における推論は、しばしば特別なものであり、人間の経験の範囲はあまりにも多様であるため、一つまたは二つの論理がそのような推論のすべてを捉えることができると期待することはできないし、ましてやそう考えることはできない。

これほど多くの論理が存在することは、批判的思考にとってどのような意味があるのだろうかと疑問に思う人もいるかもしれない。おそらく最も明白な意味は、合理的な信念のための唯一かつ普遍的な基準（universal standard）を提供する手段として、形式主義（formalism）（したがって論理学的アプローチ）はもはや実行不可能である、ということである。このことは、このような形式的なシステムの領域においてさえ、妥当性や合理的な推論についての代替的な定義が存在し、また存在する必要があるという事実からも明らかである。また、推論の形式的モードから脱してさまざまな経験科学的な領域へと移行するなら、合理的な推論の普遍的な基準という希望はさらに薄れることになる。

実際、このような考えから、スティーブン・トゥールミンなどは、研究の各分野には独自の内部論理があるという見解を提唱している。トゥールミンはこう主張している。

まず認識しなければならないのは、妥当性とは分野間の概念ではなく、分野内の概念であるということです。どのような分野の論証も、その分野での適切な基準で判断され、その中には不十分なものもあるはずです。しかし、その基準は分野依存であるがため、ある分野の論証では必ず要求される評価点が、別の研究分野の賞賛を受けている論証にはまったく見られないことも（物事の本質として）ありうることなのです。*3

論理的アプローチの擁護者は、これに対して、論証を評価するためにどのような妥当性の基準が使われようとも、その基準は依然として論理的な性格をもっていることを指摘したくなるかもしれない。したがって、論理の必要性は、このような考察によって低下するものではないと主張するかもしれない。しかし、この回答は、「論理（ロジック）」という言葉の意味が実際に効果的に機能しているところよりも、言葉の見た目の意味合いに過度に依存しているように私には思われる。「論理（ロジック）」という言葉の使用が、何らかの形式的な、あるいは少なくとも公的な妥当性の基準を意味することは、まったくもって事実である。しかし、これらの妥当性の基準が実際には互いに異なるものであるならば、それらの論理（ロジック）はそれぞれ異なるものであり、それらをすべて「論理（ロジック）」と呼ぶことを促すものは、それらの間の緩やかな家族的類似性に過ぎないのかもしれない。しかしながら、すべての実用的な目的のために、人はそれぞれの論理（ロジック）を別々に学ばなければならないだろう――人は各分野にある分野依存の諸概念を別々に学ばなければならないのと同じように。この点から、各分野の論理（ロジック）を学ぶ必要性は、各分野の認識論を学ぶ必要性と同列であり、どちらの場合も学ぶべき対象は多岐にわたることになる。加えて、トゥールミンによれば、論理学間の相違が（認識論と）同様に顕著であることは明らかであると言う。

比較解剖学で長い間当然のこととされてきた事柄を、比較論理学では我慢せねばならないことであることを私たちは学ばなければならない。人間、猿、豚、ヤマアラシ、ましてや蛙、ニシン、ツグミ、シーラカンスなどは、それぞれ独自の解剖学的構造をもっていることが明らかにされてきている――手足、骨、臓器、組織がその種に特徴的なパターンで配置されているのである。また、生命維持に必要な器官をもたない奇形の個体や、その器官をもつが故に生命維持に十分な役割を果たせない奇形の個体も存在している。しかし、ある種の個体では奇形とされるものが、別の種の個体では正常とされることがある。猿のような形の手をもつ人間は、確かに奇形であり、人間の生活を営む上で障害となる。しかし、人間に障害を与える特徴そのものが、猿にとっては必要不可欠なものであり、奇形であるどころか、積極的な利点となりうるのである。この意味で、正常と奇形は「特定個別種内」の概念であり、「特定個別種間」の概念ではない。同じような状況が論理的評価の用語にも当てはまる。論証や結論の妥当性、必然性、厳密性、不可能性について問うなら、与えられた分野の限界の中で私たちは問わねばならず、いわば、猿を人間でないと断じ、豚をヤマアラシでないと断じるようなことは避けるべきである。*4

このことから明らかなように、トゥールミンは、各分野が独自の論理をもちうるという、「強い」見解とでも呼ぶべき主題／教科事項（subject matter）間の差異の存在を擁護しているのである。この考え方によれば、学習の論理を「より単純に語ろうとすること」にはほとんど意味がなく、私たちができることは、この分野やあの分野の論理（ロジック）を語ることだけになる。そして、区分可能な分野の存在と同じ数だけ論理（ロジック）が存在することになる。しかし、ここまで私は、批判的思考という目的のためには、それぞれの探究領域がそれぞれ固有の認識論をもっていると私たちは考えていくべきだという、やや「弱い」考え方を提示してきた。そのため、「強い」見解が、個別の分野を区別する重要な構文的差異があると主張するものであるとするならば、これに対して私は単に、（少なくとも）分野を区別する重要な意味論的・認識論的差異があるのではないかと主張しているに過ぎない。ただどちらの見解も、すべての分野、あるいはほとんどの分野にとって、効果的な批判的思考への単一または一枚岩のルートが存在しないことを明確に示唆するものではある。

批判的思考と教育の関係

本章は、批判的思考、認識論、教育の間に概念的な繋がりがあることを示唆することから始まった。前述までの議論は、認識論と批判的思考がどのように関連しているかを示すことを企図したものであり、本章で残すのはこれらの概念がどのように教育と関連しているかを示すことだけである。この関係を示すことが重要だと私は考えているが、その理由としては、さまざまな学校教育プログラムにおいて批判的思考が果たすべき正確な役割（もしあればなのだが）をめぐってこれまでかなりの混乱があったからである。

一般的に、批判的思考と教育の関係は、批判的思考コースの設置を支持する者たちが認識しているよりもはるかに密接で重要であると言ってよいと私は考えている。通常、批判的思考コースはカリキュラム上の地位が低く、せいぜい既存のプログラムに「強化」のための栄養補助食品のようなものとして付加される程度である。今のところ、私は批判的思考をカリキュラムに挿入する正確な方法に関する実際的・管理的な問題を議論したいとは考えていない――それについては後で触れることにする。私のここでの問題関心は、批判的思考の概念と教育の概念との間の論理的関係にある。そして私が主張したいのは、教育機関が生徒たちを批判的思考者にすることができるのならば、その教育機関は良い場所になるであろう、ということだけでなく、学校の目的が教育をすることである限り、論理的には批判的思考なしにはこの任務は達成できないということである。つまり、批判的思考は教育の必要条件なのである。

教育の分析が明らかにする他のことがどのようなものであったとしても、教育が知識の獲得を伴うことは確かである。概念分析家やカリキュラム理論家は、教育の構成要素であるさまざまなタイプの知識について議論するかもしれないが、ある種の知識が教育に付随していることを真剣に疑う人はいないと私は考えている。さらに、知識を分析すると、知る者は、仮に知っているとされるものに対して正当な根拠をもたなければならないことがわかる。プラトンは『テアイテトス』において、知識は「真の信念と説明」（200D–201C）から構成されると最初に主張した。現代の分析では、この同じ見解を、より形式的に次のように表現している。[*5]

Sは以下の場合にのみPを知る。
（i）SはPを信じている、
（ii）SはPについて十分な証拠をもっている、
そして、（iii）Pは真である。

この知識分析の重要なポイントは、知識を単なる真の意見と区別するためには、人は自分の信念を正当化する根拠をもたなければならないということである。たとえ真実であっても、その信念を支える正当な理由を提示できない限り、人は何かを知っていると主張する資格はない。学校の学習に対する一般的な批判は、生徒が「事実」を、おそらくは暗記によって、あるいは「先生がそう言っているから」という理由で、相応の「事実」を擁護する証拠や論証を獲得することなく学ぶところに向けられている。その結果は、知識や知恵として通用する意見である。この一般的な批判は、知識には自分の信念を正当化することが必要であり、生徒にはしばしばそのような正当化が欠けていることを認識するための、単なる省略された方法である。

しかし、自分の信念を正当化するプロセスには、二つの区別できる側面がある。一つは、提示された証拠の真実性と内的妥当性を評価することであり、もう一つは、その信念が、それを裏づける証拠とともに、既存の信念体系に適合しているかどうかを判断することである。もし適合しないのであれば、システムのどこかを調整する必要がある。それはつまり、新しい証拠もしくは信念のシステムに、何か問題があるということだからだ。[*6] 信念を評価し、適合させ、調整するというこのプロセスの重要性は、いくら強調してもしすぎることはない。なぜなら、このプロセスによって、信念が、単にその人が知っている命題や信念とは異なる、その人の「もの」になるからである。この個人的な評価プロセスがなければ、生徒はある命題とそれに付随する証拠を暗唱していても、その信念が自分のもつ他の信念と矛盾するため、その信念をもつことを正当化できないかもしれない。自分の信念体系内部の一貫性は、究極の真理を確立するのに十分かどうかは別として、合理性の必要条件であることは確かである。そして、この必要条件が満たされない限り、人は信念をもつことを正当化できないのである。

このように、信念や新しい証拠を自分の信念体系全体に統合するプロセスは、正当化のプロセスの一部であり、人は入手可能な証拠と信念体系の間に適切な繋がりを認識しなければならない。しかし、知識の観点から最も重要なのは、証拠と信念の間の結びつきが、それを信じる理由を構成することである（なぜなら、ある人がPを信じ、Pに関する十分な証拠をもちながら、その理由のためにPを信じないということは論理的にありうるからである）。そこで、私は、知識の標準的な分析に次のような条件を追加することで、知識のこの必要な次元を適切に捉えることができるのではないかと考えた。

Sは以下の場合にのみPを知る。
(i) SはPを信じている、
(ii) SはPの適切な証拠をもっている、
(iii) その証拠が、Pを信じるSの理由となる、
そして、(iv) Pは真である。

この新しい条件(iii)を加えることで、従順に暗唱することができるという意味でのみ証拠について慣れ親しんでいるかもしれない生徒のケース(またはその可能性)を排除することができる。この新しい条件は、正当化された信念が証拠の直接的な関数であることを要求しており、これは知識に関する私たちの直観(直接対象を捉えること)によって要求されるものなのである。

もちろん、適切な証拠という概念には、その信念とそれに付随する証拠が既存の信念体系に適合しているという意味合いが含まれているのであって、そうでなければ適切な証拠とは言えない、という反論は可能である。適切な証拠という概念をこのような一般的な方法で解釈することについて、正式な異論がなされているのを私は見たことがない。しかし、この解釈は、客観的証拠(つまり帰納的確率)について、それを信じる理由(つまり認識論的確率)へと転換することのように、自分の信念と経験を統合することに伴う非常に現実的な問題を埋もれたままにする。この点で、マイケル・ポランニーは、いわゆる「事実」を「個人的知識」に変えることが、現代の認識論の直面する最も重大でありながら最も軽視さ

れている問題であると主張している。[*7] 異なる個人の独自の信念状態は、どのような事実が信念体系への善意の追加として受け入れられることになりそうか、また受け入れられうるかを、重要な形で決定する。

しかし、知識の分析を解釈するためにどんな方法を選択するにしても、知識は定義上、何らかの種類の正当化を前提とすることはまったくもって明らかである。そして、正当化に至るには、ある信念を一時停止して、その信念を支える証拠の内的な一貫性を評価し、その信念を自分の既存の信念体系の中に統合することが主体には求められることになる。しかし、自分の信念を正当化するために一時的な判断の停止が必要だというのは、正当化を生み出すために自己批判的でなければならないだとか、Pに関して批判的なマインドをもたなければならないだとかいう言い方の単なる別の言い回しである。このように、信念と証拠を統合し内面化するためには、批判的思考が必要なのである。さらに、批判的思考は、私が論じたように、まさにそのような信念の一時停止を伴うものである。

批判的思考は、教育に追加される単なる飾りや栄養補助食品ではなく、教育によって論理的に必然的にもたらされるものである。教育に対する著名な批評家の中には、正しいことを言う人もいた――批判的思考は教育を改善させることができるのだ、と。しかし、これまで十分に「認識」されてこなかったのは、教育には批判的思考が絶対に必要だということである。「教育と批判的思考の間にはどのような結びつきがあるのだろうか」という問いに、今、答えが出た。すなわち、その関係は論理的必然のものなのである。したがって、批判的思考は、それが教育の必要条件であるという理由から、教育の追求を目的とするあらゆる機関において、重要な位置を占めなければならない。

批判的思考とは何か（そして何が批判的思考ではないのか）、そして教育とそれはどのような関係があるのかについてこのように一般的に理解した上で、次に、その普及のために登場した主な提案に目を向けることにしよう。

注

＊1　David B. Annis, *Techniques of Critical Reasoning* (Columbus, Ohio: Charles E. Merrill, 1974), p. 86.

＊2　W・V・O・クワインは、この区別はとにかく底辺では恣意的なものであると主張している。何が概念的な真理で、何が経験的な真理なのかは、最終的には慣習によって決定されるのである。クワインの次の論文を参照のこと。‘Two dogmas of empiricism’, in *From a Logical Point of View* (New York: Harper and Row, 1963).

＊3　Stephen Toulmin, *The Uses of Argument* (Cambridge: Cambridge University Press, 1958), p. 255.

＊4　*ibid.*, p. 256.

＊5　この分析は、ここで詳述することのできない多くの文献に登場する。しかし、このような知識の分析、特に教育との関連についての優れた議論は、イスラエル・シェフラーの『知識の条件（*Conditions of Knowledge*）』(Glenview, Ill.: Scott, Foresman, 1965) に見ることができる。

＊6　ここで私が言っているのは、論理学者が「帰納的確率」と呼んでいるものを「認識論的確率」に変えるという問題である。次の著書も参照のこと。Brian Skyrms, *Choice and Chance* (Belmont, Cal.: Dickenson, 1966), pp. 15–8.

＊7 ポランニーの次の著書を参照のこと。*Personal Knowledge: Towards a Post-Critical Philosophy* (New York: Harper and Row, 1962), pp. 249–59.

第3章 批判的思考の概念に関する従来の見解

思考を構成要素に分解し、それらをそれぞれにプログラム化することができると考えるのは、思考の本質を誤解していることになる。[*1]

学校ではすでに批判的思考を教えるための多くのプログラムが存在する。私のここでの目的は、これらのプログラムの多くが前提とする理論的な基盤を検証することである。

その理論的基盤についてざっと見ただけでも、素朴な形式の論理実証主義を特徴とする視点が浮かび上がってくるが、この視点は今日、ほとんどの哲学者によって多くが放棄されているか、厳しく制限されているものである。例えば、批判的思考の概念に関する多くの分析には、その概念の運用上の定義として暗黙のうちに役立つことになるスキルのリストや、避けるべき落とし穴のリストが、あたかもそれらが事前に網羅的に予測できるかのように記載されている。さらに、意味の検証可能性尺度に対して明瞭に賛同が示されたり、事実と価値の区別が、それがあたかも議論の余地がなく明確に区分されるかのように、重要な場所で繰り返し用いられたりする。しかし、おそらくこれらの分析の根底にある最も普及している考え方は、批判的思考を必要とするあらゆる重要な論争を解決する科学と科学的手法の有効性に対する疑いなき信頼に他ならない。

ロバート・エニスの分析

この種の見解の最近の起源を、参考文献や明示的な引用を通じてたどると、ロバート・エニスの論文「批判的思考の概念」が最も影響力があったことは明らかである。[*2] この論文が発表された一九六二年当時は、「教育者が批判的思考を直接教え、心理学者が正確にテストできるような方法」でこの概念を分析した文献が少なかった。エニスは次のように言っている。

本論文の主な課題は、批判的思考の概念について明確かつ詳細な説明を提示することである。この説明は、その擁護可能性を以て判断することができ、擁護可能であると判断されれば、批判的思考能力の教育およびテストにおける研究の基礎となることができる。[*3]

その後の教育や研究の方向性から判断するに、エニスの論文は意図した通りの効果を発揮したようだ。これは、エニスの分析が後続の研究者に無条件に採用されたことを意味するのではなく、エニスの分析が一般的な枠組みを形成し、その枠組みを中心に後続の研究が生まれる傾向があったことを意味している。

エニスがこの論文で何をしようとしていたのかをできるだけ明確にすることは重要である。なぜなら、論文を注意深く研究しても、彼の実際の意図は明らかにならないからである。例えば、エニスは自分自身について、批判的思考について概念的な分析を行い、それが何であるかをより明確に私たちが知ることのできるようにしようとしている存在と見ているのか、それとも単に研究者や教育者が個別の検証可能な焦点として使用すべき批判的思考の示唆的な「諸側面」のリストを提供しようとしている存在と見ているのかはまったく不明である。この二つの努力はまったく別のものではあるが、論文全体を通して、エニスが自分自身をその両方を提供している存在と捉えているとする証拠がかなり確認できる。彼の意図にかかわらず、私はこの分析が両方において失敗していると主張するが、彼がどの時点で正確にどちらを実行しようとしているのかがわからないのは不安である。[*4] このような状況では、少なくとも可能な限り両方の視座からエニスの発言を解釈し、それぞれのケースで個別に評価することが最も賢明な道であると思われる。

エニスの論文のタイトルは「批判的思考についての一つの考え方（a concept）」であり、「批判的思考の概念（the concept）」ではないので、彼が一つの可能性のある見解を概説しようとしていることがうかがえる。しかし、最初の概要では、自分は「批判的思考の十二の側面を特定している」と記述されており、これらは分析を通じて発見されたものであることが明確に示唆されている。このような目的の曖昧さは、エニスが読者に自分がこれから何をしようとしているのかを明確に伝えている最初の数ページにおいてさえも、あちこちに確認できる。しかし、読者にもエニスにもはっきりしているのは、彼の論文が次の三つの区別できる部分もしくは構成要素から成るということである。

1. 批判的思考の基本概念を設定しており、彼はこれを「言明を正しく評価すること」と定義している。
2. 「言明を正しく評価するものとしての批判的思考」という基本概念の下に十二の「諸側面」（「能力」と呼ばれることもある）を設定している。
3. 批判的思考について、三つの区別できる次元（論理的次元、尺度的次元、実用的次元）を設定している。

エニスは、批判的思考に関するさまざまな「側面」や「能力」のリストがこれまでの研究（そしてこれ以降の研究）文献に登場していることを認めているが、彼の本来の貢献は批判的思考の基本概念（前記1）と彼の「次元の単純化」（前記3）にある。私はこの三つの構成要素すべてを検討することにするが、主に二つのオリジナルなものに焦点を当てることにする。なぜなら、おそらくこの二つがこの論文の幅広い影響力を説明するものだからである。

エニスの論文の冒頭は、批判的思考に関する研究の少なさと同研究の相対的な欠陥の確認に費やされている。心理学においてなぜそうなのかを説明することに加え、問題解決に関するデューイの研究が「残念ながら、解決者が解決したと思ったときに問題が解決されると示唆しており、したがって問題解決のための論理的な尺度ではなく心理的な尺度を提供している」と述べ*5、この方向でのデューイの試みを批判している。このような長年の欠陥を解決しようと、エニスは批判的思考の定義について、「言明を正しく評価すること」と提示する。この定義は十分に説得力があるように思えるが、この文脈で彼が「正しい（correct）」という言葉をどういう意味で使っているのか、やはり問いたいと思う人もいるだろう。彼は「正しい」という言葉を、間違っていること（あるいは誤り）に対して正しいという意味で言っているのだろうか、あるいは、ある定められた手順が主体によって適切に行われているという意味で言っているのだろうか。ここでは、どちらの「正しい」という言葉の意味にも、もう一方の意味を含んでいないことに注意してもらいたい。人は、手続き通りに実行しなくても、事実上「正しい（right）」という意味で正しい（correct）かもしれない。また逆に、人は完全に道理にあった手続きを採用しても、「正しい（right）」とは言えない場合もある。エニスの「正しい（correct）」という意味についての直接的な説明は、脚注の中にしか見出せない。彼の定義におけるその中心的な重要性を考えると、細心の注意を払う必要がある。

この基本的な考え方は、B・オセネル・スミスによって示唆されたものである。「さて、もし私たちが、（……）（ある）言明が何を意味するのかを知ろうとし、そしてそれを受け入れるか拒否するかを決めようとするならば、私たちはいずれを、もっとましな言葉がないがために批判的思考と呼ぶことになるのかについて考えていくことに参加することになるだろう」（'The improvement of critical thinking', *Progressive Education*, xxx, p. 5）。ただ、スミスの定義には「正しい（correct）」というような言葉は一切使われていないので、彼の考え方は（私とは）少し違っている。

スミスの批判的思考の概念を使えば、私たちは「良い批判的思考」と「悪い批判的思考」について、冗長さや矛盾といったものなしに語ることができる。これは受け入れられてきた一つの語り方（manner of speaking）ではあるが、おそらく支配的な語り方は、正しい思考（correct thinking）という概念を批判的思考という概念に組み込むことになると思われる。*6

この後者の点について、私はこの「支配的な語り方」が批判的思考の意味に正しさ（correctness）を組み込んでなどいないと主張したいと考えている。すなわち、このような要求をするのは、物事を形式化しようとする論理学者や哲学者だけなのだ。しかし、この要件は、おそらくエニスが進もうとしている方向を示しているものと思われる。しかし、このことよりもはるかに重要なのは、論理的な観点からのことである。スミスの批判的思考という概念は、エニスのそれと「少し違う」のではなく、根本的に違うのである。その大きな違いは、第一に、スミスの定義は批判的思考の程度というものを認めるが（つまり、スミスにとって批判的思考は相対的概念である）、エニスはそれを認めない、第二に、エニスにとって批判的思考と正しいこととの関係は分析的であるが、スミスにとってそうではない、という二点にある。

エニスの定義である「言明を正しく評価すること」の説明を見てきたので、私たちは、彼が「正しい（correct）」とはどういう意味で用いているのか、という最初の問いに戻ることができる。彼はそれを「正しい（right）」という意味で用いているのか。それとも、ある手順が「正しく（correctly）」守られていることを意味しているのだろうか。次のような考察をエニスがしていることを踏まえてみよう。

1．エニスは、「もっともらしい」「合理的」「賢明」といった言葉の代わりに「正しい」という言葉を加えることで、自分の批判的思考についての概念を（批判的思考の程度の存在を認めている）スミスのそれと区別したいと考えている。
2．エニスは「良い批判的思考」と「悪い批判的思考」という表現をそれぞれ「冗長的」や「矛盾がある」として除外している。
3．エニスがデューイを「問題解決のための論理的な尺度を示していない」と批判している。

エニスの言う「正しい（correct）」とは、「間違いがない」や「真理をもっている」という意味での「正しい（right）」でなければならないと思われる。つまり、エニスは、程度も間違いも許さない、批判的思考の形式的あるいは絶対的な概念を提唱しているのである。もし彼がこのような意味で言っていないのならば、スミスの定義に異論をしない（する必要がない）はずだ。つまり、エニスの批判的思考に対する考え方は、明らかに間違っている――それは記述的分析として間違っているだけでなく、処方箋としても不見識であり、また頑迷である。

エニスの見解が、概念の記述的分析として間違っていることは、いくつかの観点から確認することができる。まず、すでに述べたように、ある人がある言明について真実を所有しているという意味で、批判的思考とはほとんど関係のない理由で正しいことがある。例えば、その人は仲間内の態度の一部として自分の意見を吸収したに過ぎないかもしれないし、人気雑誌を読んで何の疑問ももたずに信じてしまったかもしれない。

さらに、スミスの定義が示唆するように、私たちの言語は単に批判的思考の程度について語ることを許すだけでなく、実際にそれを要求している。というのも、思考は作業であり、その結果、望ましい目的が達成されることもあれば、されないこともあるからである。したがって、スミスの言うように私たちは「良い批判的思考」について語ることは可能であるし、また実際に語ってもいる。このことは、ある試みが他の試みよりも知的で鋭いということを意味している。エニスに従って、批判的思考と正しいこととの関係を分析的なものと見なすと、批判的に考えていく試みについて首尾一貫して語ることができなくなるという奇妙な結果になる。正しい（right）という意味で正しい（correct）のかどうかによって、批判的に考えたのかどうかが決まるのである。しかし、これは「遊ぶ」の代わりに「勝つ」を使うようなもので、言語や、私たちが通常ゲームについて考える方法に対して不利益をもたらすものである。

特に、エニスの分析で間違っていると思われるのは、ある種の思考を批判的なものにするのは、結果ではなく、特定の結果が追求される際の方法の機能（働き）であることを（一時的にかもしれないが？）認識できなかったことである。合理性というものが、何を信じるかではなく、どのような方法で信じるに至ったかという機能（働き）であるように、批判的思考もまた同様である。ある言明に対する評価の正確な結果はまったく問題にはならない。すなわち、正しくあること（being correct）、という要件を加えることは、的外れなのである。

しかし、それ以上に重要なのは、批判的思考について「言明を正しく評価すること」とするエニスの分析には、重大な認識論的問題があることである。まず、理論的な観点からは、誰かがある言明を正しく評価したときについて判断する独立した方法は存在しない。少なくとも哲学史と科学史は、この分野について軽く足を踏み入れてきたことを私たちに教えてくれる。実際、私たちが用いている知識の尺度そのものに疑問をもつ因子を私たちは有し続けており、観察のみならず言明も、大なり小なりこの誤謬可能性（fallibility）を有している。しかし、より具体的には、批判的思考が緊急に必要とされる実用的な文脈においても、私たちはしばしば、互いに対立する「専門家」の証言の間で選択を迫られるのである。専門家の意見が食い違うことはよくあることである。このような場合、どの当事者も批判的思考を使用していないと言えるのだろうか。エニスの批判的思考の分析は、正しさについての要件が厳しすぎるため、こうしたよくある事態に対応することができない。しかし、このようなケースこそ、批判的思考が最も必要とされるケースである。そして、これらは、幸いにも私たちの言語が批判的思考の程度について語ることを可能にしてくれる事例でもある。

エニスの批判的思考に関する分析に対する私の反論は、「批判的思考」というフレーズにそのような意味を処方・規定するべきだという提案に対する反論にもなっている。理論的な観点から言えば、それは自滅的なことである。なぜなら、私たちは、自分が言明に対して正しい評価を下したことを知ることがほとんどできないからである。この欠陥は、批判的思考に関する研究や教育に対して深刻な影響を及ぼさないわけにはいかない。しかし、おそらく言語学的・概念的な視座から見てより重要なことは、批判的思考のこうした考え方が、批判的思考が現在もっている繊細さと必要とされている柔軟性の多くを失うことになることである。

すでに引用したようなテキスト上の証拠があるにもかかわらず、ここであえてエニスが意味するのは、正しい（right）という意味ではなく、むしろ、思考において一定の規定された手順を踏むという意味で正しくなければならないということだったと仮定しよう（実際、エニスの十二個の「側面（aspects）」と三個の「次元的尺度（dimensional criteria）」は、まさにそのような規定手続きを提供しようとするものだと解釈することもできる）。この解釈を本章の冒頭に見た彼の議論に合わせることの難しさがあることは傍においたとして、同じように受け入れがたい内的問題があるのだ。

エニスが言うように、批判的思考の十二の「側面」のリストは、彼自身のアイデアから生まれたものではなく、論理学の文献と、批判的思考に関する他の著作からの内容を凝縮したものである。エニスの示したリストは以下の通りである。

1. 言明の意味を把握する。
2. 推論の筋に曖昧さがあるかどうかを判断する。
3. ある言明が互いに矛盾しているかどうかを判断する。
4. ある結論が必然的に導かれるかどうかを判断する。
5. ある言明が十分に具体的であるかどうかを判断する。

6. ある言明が実際に「ある原理」を適用したものであるかどうかを判断する。
7. ある観察言明（observation statement）が信頼できるかどうかを判断する。
8. ある帰納法的な結論が正当化されるかどうかを判断する。
9. 問題が特定されてきたかどうかを判断する。
10. 何かが仮説（憶測）であるかどうかを判断する。
11. ある定義が適切かどうかを判断する。
12. 権威とされる人物のある言明が受け入れられるかどうかを判断する。

このテーマに関する他の著者と同様、エニスは自身の十二個の「側面」を「言明の評価」において避けるべき「落とし穴」、つまり評価の誤りが起こりうる領域として説明している。事実上、このようなリストは、言明の評価において間違う可能性のある、あるいはミスが生じやすいすべての方法を箇条書きにしようとするものである。しかし、このような批判的思考へのアプローチは、あらゆる事故を避けるために人々が注意するべきすべての方法、あるいは戦争に負けたりサッカーチームが試合で最下位になったりする可能性のあるすべての方法を列挙する仮想的な試みと多くの共通点をもつものである。あらゆるこのような事例において、多かれ少なかれ、間違う可能性のある方法は無限に存在する。そうしたことから、あらゆるこうしたリストは、失敗する運命にある。

それでも、このような「落とし穴」のリストは、よくある誤りを避けるための有用なガイダンスや役立つヒントを提供していることが多いという理由で、擁護することができるかもしれない。しかし、役に立つヒントのリストは、問題になっている事柄の本質を説明するものではない（チェスで言えば、チェックメイトを達成したり回避したりするためのヒントを受け入れる前に、まずチェックメイトの意味を知るべきである）。この場合、私たちは批判的思考が何であるかをまだ決定しようとしているのだから、まだ役に立つヒントの有効性を判断するような立場にはないだろう。

しかし、エニスの言う「正しい（correct）」思考の意味をこの十二の「側面」で解釈することに対するより重要な反論は、その次元の基準についての議論の中に見出せるのである。次にこれについて、述べることにしよう。

エニスの次元的単純化

批判的思考に関する先行研究に対してのエニスの最も独創的な、そしておそらく最も重要な貢献は、彼が「次元的単純化」と呼ぶ概念を導入したことであることは明らかである。これまでの批判的思考の議論では、批判的思考のレパートリーの一部と考えられていたさまざまなスキルや「側面」を挙げていた。しかし、批判的思考の次元に関するエニスの議論は、これまでの「スキル」アプローチがあまりにも単純であり、各スキルには合理的な適用に必要な他の特徴（または「次元」）が実際にはあることを明らかにするものであった。事実、彼は、批判的思考者は特定のスキルをもつだけでなく、他の「次元」

の考慮事項と常に連動してそれらを使用しなければならないと主張している。スキルをもつだけでは不十分であり、適切な状況下でいつ、どの程度使うべきかを知っていなければならない、と彼は指摘するのである。

エニスはこれらの次元の議論を、「提案された批判的思考の概念には、論理的次元（logical dimension）、尺度的次元（criterial dimension）、実用的次元（practical dimension）の三つの基本的な分析的に区別できる次元がある」と主張することから始めている。[*7] 十二個の「側面」を超えて、これらの次元は、批判的思考が動作しなければならない関連する文脈上の考慮事項を記述しようとするものであり、これなしでは批判的思考の概念に対する理解は不完全である。

エニスは論理的次元について、次のように表現している。

「論理的次元」は、大雑把に言えば、単語や言明の意味の間にある疑惑の関係を判断することをカバーしている。この次元で能力を発揮する人は、ある一つの言明または複数の言明群から、その意味によって何が導かれるかを知っている。特に、論理演算子（logical operators）である「all」「some」「none」「not」「if … then」「or」「unless」等の使い方を彼は知っている。また、あるものがあるクラスの一員であるということはどういうことなのかも知っている。さらに彼は、言明が検討されている分野においての基本的な用語の意味を知っている。[*8]

エニスは、この次元を詳しく説明するために二つの脚注を設定しており、そこにおいて彼は構文的な考察と意味論的な考察の両方が「用語や言明の意味を知る」ことを構成するのであり、彼にとって「言明の意味（meaning）を理解する」ことは「言明の含意するところ（implications）を知る」ことを伴うことを意味しているのだと表明している。

やや正確さに欠けるが、エニスは尺度的次元を次のように説明している。

「尺度的次元」は、論理的次元でカバーされることになる論理的な尺度以外の（まもなく記述されることになる）言明を判断する尺度についての知識をカバーするものである。

実際のところエニスはこの次元をさらに説明するという約束を果たせていないが、「側面7」の「ある観察言明が信頼できるかどうかを判断する」についての彼の議論から、この次元についての彼の意味するところを確認することができる。彼は次のように言っている。

観察言明は具体的な記述である。長年にわたり、観察の正確さに最も関心のある分野では、「観察言明の信頼性」を判断するための一連の規則が構築されてきた。これらの規則は、批判的思考のこの側面に尺度的次元を与えている。[*9]

この尺度的次元では、さまざまな学問関連の教科領域が、その記述の正確さや信頼性を判断するための独自の尺度を設けていることをここで端的に指摘している。

最後に、エニスは実用的次元について次のように説明している。


「実用的次元」は、判断の背景となる目的の印象をカバーし、その声明がその目的にとって十分であるかどうかの判断をカバーするものである。この次元を含めることは、プラグマティズムにしばしば帰結する「言明は、それが話者の目的を満たすならば真である」という教義を支持することにはならない。しかし、この次元を含めることは、言明の受け入れ可能性を決定する際に背景の目的が果たす正当な機能(働き)を認識することになる。これは、「これは十分な証拠である」という判断に先立つ要因のバランスをとることの必要性を認識することになるのである。さらに、この次元を含めると、批判的思考に完全な尺度を設けることはできないという認識が求められることになる。尺度を適用すること、意味を知ることに加えて、知的判断という要素が通常求められるのである。[*10]

この次元は、正しいか間違っているかの結果の相対的な重要性が、言明についての私たちの評価において考慮されなければならないことを指摘するものである。つまり、十分な証拠があるかどうかの判断は、現実的な結果と関連づけなければならないのである。

ここで注目すべきは、批判的思考を「言明の評価」に限定し、決断は含めないというエニスの決定がいかに恣意的であるか、実用的次元が劇的に明らかにしていることである。例えば、要塞化された丘の攻撃について思案している軍の将軍は、明らかに「攻撃せよ」という発言ではなく、実際に丘を攻撃することを決定した場合の非常に現実的な結果を評価することに主眼を置いている。批判的思考は、ここにおいては決断を評価することが求められているのであって、言明を評価することを求められていない。

次の概要はエニスの次元分析を簡略化してまとめたものである。

1. 論理的次元：用語、言明、言明群の間の申し立てられた関係を判断する。これには、用語や言明の意味（meanings）やそれらの含意（implications）を知ることが含まれる。
2. 尺度的次元：言明を判断するための基準（standard）についての知識や主題／教科に関連した尺度（criteria）、例えば社会科学における統計的判断などが含まれる。
3. 実用的次元：文脈の中で、言明の目的と実用的な結果とに照らして、いつにおいてそれが「十分な」証拠となるのかを判断する。

これらの諸次元は、批判的思考に関する先行研究への真の貢献を表明するものであると言うのが公平であると私は考えている。一つは、これらの諸次元は、批判的思考が単にさまざまなスキルを即座に適用することではなく、形式論理学の単純な適用や誤謬の発見でもないという事実を浮き彫りにしている。また、これらの諸次元は、批判的思考の分析に、判断が下される「環境」、その実際的な結果、そしてそれと個別の知識や情報との関係の重要性を初めて持ち込んでいる。これらの考察が批判的思考においては不可欠であるとしたエニスの指摘はまったく正しいと思う。これらの重要な諸側面を事実上無視した批判的思考の研究、コース、プログラムが今でも存続していることは残念なことである。いわゆる「形式論理学」アプローチは、この点でおそらく最悪の戦犯である。

しかし、エニスの定義の失敗と彼の処方箋の欠陥の原因となっているのは、有効であるとしてもこれらの諸次元なのである。そもそも、従来の見解とは異なり、尺度的次元は、明確に、専門化された（研究分野に依存した）知識と批判的思考の概念そのものとを結びつけている。実際、尺度的次元は、特定の分野での言明を判断するためのさまざまな基準や主題／教科に関連した尺度という観点から定義されている。しかし、人間の知識には写真から宇宙物理学に至るまで無数の専門分野があり、それぞれに独自の情報、スキル、評価基準がある。エニスの批判的思考の尺度的次元は、個別のスキルを特別なまとまりに前もって分離または抽象化して特徴づけるようにはなっていない。したがって、エニスの十二個の「側面」（ちなみに、彼はしばしばそれを「スキル」と呼ぶ）は、批判的思考に固有の多様性を含むことができず、したがってそれを定義することもできない。実際にどのような成分が「言明を正しく評価すること」を構成するのか、一般に予見することはできない。彼の次元分析は、異なる評価基準を適切に含んではいるが、彼の批判的思考の定義を台無しにしている。

尺度的次元に比べてあまり明確ではないが、やはり確実に論理的次元にも同様の結果があり、定義と提案をさらに台無しにしている。エニスが論理的次元を、論理学の意味論的次元と統語論的次元の両方から定義していることを思い出してもらいたい。すなわち、主張された言葉や言明の間の関係を判断できるだけでなく、言明の意味も人は理解できなければならない、という話である。そして、エニスにとっての「言明の意味（meanings）を理解すること」は、「言明の論理的な含意（logical implications）を知ること」をも含んでいる。しかし、ここにおいて再び、論理的次元は、専門化された領域の知識に対する高度な理解や専門性を含むことになる。ある分野の知的な初心者にとってなら、ある言明の単純な意味を理解するだけでもかなりの達成感を得られるかもしれないが、その分野への多大な努力を要する入門承認の儀式（initiation）を経なければ、その「論理的な含意」のすべてを理解することはできないだろう。しかし、エニスの論理的次元は、この高度な理解を含むものである。このように論理的次元は、さまざまな知識分野の最高レベルの理解を包含している。このことの論理的帰結は、尺度的次元の場合と同様に、いわゆる「批判的思考スキル」と知的内容を伴う知識やスキルとを一般には分別することができない、ということである。後者の知識やスキルは批判的思考の概念の一部であり、付随するものである。したがって、ここでもエニスの十二個の「側面」（あるいは「スキル」）の妥当性が問われることになる。

最後に、そしておそらく最も明白なことだが、エニスの実用的次元は、エニス自身の「側面」や「スキル」のリストも含め、有限の「側面」や「スキル」という観点から批判的思考を定義しようとする試みに最も壊滅的な影響を与えるものである。実用的次元とは、十分な証拠があるとするのはいつであるのかを判断することと関わるものであり、証拠の適量とは、証拠が提供される目的、および証拠が問違っていた場合の結果の重大性との関数である、とされていたことを思い出してもらいたい。事実上、実用的次元は、批判的思考を、無限の種類の判断のありうる、そして無限の結果のありうるアリーナ（競技場）に真っ向から置こうとするものである。これは、主張の目的と文脈とが、独立して、かつ予測不可能に変化するためである。実際、この事実を認識したエニスは、実用的次元の議論の中で、次のような告白をすることになった。

さらに、この次元を含めるには、批判的思考に完全な尺度を設けることはできないという認識が必要である。尺度を適用すること、意味を知ることに加えて、通常、知的な判断の要素が必要とされる。*11

この告白は、この実用的次元が批判的思考に、試みられた定義が吸収しうる以上の複雑さを与えてしまっていることを効果的に認めているという理由から、非常に示唆に富む。私はさらに、この同じ制約が他の二つの次元にも同様に当てはまることを示唆したい。しかし驚くべきは、エニスが実用的次元についてこのように認めていながら、それが自分のケースにもたらす破壊的な影響に気づいていないように思える点である。彼は事実上、実用的次元をきちんと考慮するならば、「言明を正しく評価すること」について明確に述べることはできないと言っているのである。もし彼がさらに推論を進めていたなら、「言明を正しく評価すること」が批判的思考を規定しない理由もここにあることがわかったはずだ。

エニスの三つの次元はすべて、批判的思考が偶発的な文脈はもちろんのこと、個別の知識や情報と一体的に結びついており、そのためにそれらから批判的思考を切り離すことができないことを明らかにしている。このため、批判的思考を有限のスキルという観点から特徴づけ、ましてや定義しようとする努力は失敗に終わると私は考えており、[12] いわゆる「スキル」のようなリストは、分析すると通常、ほぼトートロジーか最も明白な種類の空虚なアドバイス（例えば「あなたの結論を支持するデータを選択する」や「自分自身に矛盾しないように」）に堕してしまう。これはどれも特に洞察力に欠けるし、役に立つものでもない。

エニスの十二の「側面」

エニスの批判的思考の十二の「側面」のリストは、それらを適用するための具体的な尺度を彼は明確にしようとしたという理由から、おそらくこれまで登場してきたこのようなリストの中では、最も賢明なものである。しかし、この点で明示的であろうとするあまり、時にはそれぞれの側面の不十分さがはっきりと表れてしまうこともある。例えば、リストの最初に登場する側面1「言明の意味を把握する」ことについて論じるとき、エニスは、おそらく教師や研究者にとって扱いやすいものにするために、恣意的で不合理な制限を課すように強いられてしまう。ある人が「ある状況において、ある言明が何を意味するのか、そして（もしあれば）何がそれをほのめかしているのかを知るべきである」と述べた後、彼はすぐに次のような制約条件を課している。

知るべき事柄は、当然ながら、問われている言明よりも洗練されることを期待すべきではないし、遠くに除去されたことを含んでいると期待するべきでもない。[*13]

しかし、この制約条件は、条件なしで提示された論理的次元の彼の特徴づけと矛盾するだけでなく、これは、課題に対する彼の先入観に合うように現象を強引に型にはめて処理しようとしている箇所である。まさに偶然の出来事、状況、会話、主張の世界のありようは、最初に思ったものよりも、そして私たちが好むよりも、複雑であったり洗練されていたりすることが頻繁にある。しかし、世界のありようについてのこうした現実を深刻に歪めることなくして、「ある言明が前提とする知識は、その言明自体よりも洗練されてはならない」と恣意的に主張することはできない。しかし、この種の制約条件は、批判的思考を特徴づけるとされる有限のスキルで敷き詰めたものに批判的思考をはめ込むために、通常必要とされるものである。

エニスのリスト、ひいては批判的思考そのものに課せられた、より明白で間違いなくより深刻な制限は、価値判断の排除である。エニスはこれについて次のように述べている。

根源的な概念では、価値判断を含めることが求められるが、前記のリストからは意図的に除外されている。この除外によって、提示された概念の魅力が弱まることは認めるが、より扱いやすくなる。この除外が行われたことを覚えている限り、この切り詰められた概念に惑わされることはないだろう。おそらく、このギャップは将来、少なくとも部分的には埋められるだろう。*14

これは、ご都合主義的に議論を制限できるという著者の特許を無邪気に使っているように思える。そしてまた、この「ギャップ」は「将来のある時点で」扱われるかもしれないことを暗示している。しかし、実際には、この価値判断の省略は、著者の特許の無邪気で無害な使用などではない。それどころか、病気をあらかじめ決められた治療法に適合させるために必要とされた制約条件の典型である。この場合、それが無邪気なことではないことは、エニスが後に（論文の最後に）、批判的思考から価値観を排除することの実質的・戦略的効果について述べていることからもわかる。

ところで、この排除そのものが、ある概念を選び、別の概念を選ばなかったことを例証している。生徒の行動の予測と制御を容易にするために、扱いにくい領域（価値観の評価）が批判的思考という概念から取り除かれたのである。*15

明らかに、これは批判的思考の本質について真理を追求する哲学者が課した無邪気な制限ではない。そうではなく、小さな穴に合わせて大きな釘を削る方法を提案するエンジニアのようなものである。

価値判断の排除は「無害」でもない。それどころか、批判的思考へのスキル・アプローチ全般のアキレス腱を突いている。エニスの場合、価値判断の排除がもたらす深刻な限界は、十二の「側面」についての彼の議論の随所に現れている。例えば、「問題が特定されたかどうかを判断すること」という側面についての議論では、エニスは問題をはぐらかすことを余儀なくされている。

価値ある目標が選択されたのだと判断すること。ここでは次のような問題が想定されている――「カルバーシティにおける私たちの問題は、法と秩序への尊重を高めることである」。ただそれが手段ではなく目的の言明である限り、それが適切な問題特定であるとした判断は、価値判断である。先に述べた［これらは「扱いにくい」という］理由から、この種の判断は重要ではあるが、この批判的思考の概念からは除外される。*16

このことのさらに深刻な意味合いは、当然ながらこうした「目的」は価値判断を伴うものであるため、批判的思考の対象にはなりえないということである。しかし、「目的」の議論には、少なくとも「手段」の評価のときと同じくらい批判的思考が求められることは明らかである。しかし、今回のケースのように、エニスの批判的思考の「切り詰められた概念」は、単に比較的重要でないものの無害な削除ではなく、批判的思考を必要とする最も率直なケースでの批判的思考の使用を禁止する厳しい制限なのである。これと同じ制限が、他のいくつかの「側面」についての彼の議論でも頭をもたげている。

しかし、価値判断を批判的思考の領域から排除することの最も深刻な影響は、批判的思考から実用的次元を知らず知らずのうちに排除してしまうことである。実用的次元は、（判断に）必要な証拠の量と、間違っていた場合の結果とのバランスをとることを要求する。つまり、どれだけの証拠があれば十分かという判断は、ある言明が正しいか間違っているかがどれほど重要かということとの直接的な関数なのである。しかし、重要性は、ある個人や集団が物事に置いている相対的な価値という観点からしか評価できない。したがって、批判的思考の実用的次元は、人が判断に関わる価値体系を把握するようになるまでは満たされえない。人の価値観は合理的判断に不可欠な要素であり、実用的次元は適切にもこの事実を強調する役割を果たす。したがって、一方では批判的思考に実用的次元が必要であることを肯定しておきながら、他方では価値判断をその分析から除外することは矛盾しており、少なくとも自滅的である。

批判的思考はあらゆるレベルでの価値判断に貫かれており、実用的次元がそれを保証している。このことを理解しないと、エニスの概念はごく一般的な状況では適用できず、その次元のパラメーターに反してしまうという残念な結果になる。したがって、価値判断を除外することは、批判的思考一般の視座からみても、そしてエニスの分析の観点から見ても、良性の制限（あるいは限界）と見なすことはできない。

批判的思考に関するエニスの議論について最後に指摘すべき点は、十二の「側面」が実際には「スキル」や「能力（ability）」を表しているという彼の見解に関するものである。例えば、論文の最後の方で、彼は「批判的思考の十二の側面」の話から「十二の能力」の話に切り替えている。このような切り替えは批判的思考の議論ではよくあることである。文法的には、実際、この用法の変更はうまく機能しているように見える。しかし、文法的な意味がしばしば存在論的な混乱に繋がるというギルバート・ライルの賢明な観察に耳を傾けるのは、この例では聡明なことである。このような言い方をすることを私たちが文法的に認めることは脇に置いておいて、エニスは自分の「側面」を一般化された「能力」と見なすことの正当性を何ら示していない。実際、「創造力（creative ability）」「推論力（reasoning ability）」「把握スキル（comprehension skill）」などといった一般化された能力の話は、増え続ける教育専門用語の語彙の中に定着している。おそらくこれは、B・S・ブルームの分類法（タキソノミー）に列挙されているような項目を再定義したいという誘惑からきているのだろう。しかし、ブルームの理論全体が、論理的境界を越えて転移していく一般化された能力が存在するという仮説の上に構築されていることは、あまり認識されていない。[*17] この個別の事例において、「批判的思考能力」というフレーズは、「エヴェレットは批判的思考能力を有している」という文章内で使われるかもしれないが、これも同様の仮定を覆い隠している。しかし、批判的思考に関して、この仮定はありえない。

例えば、「スピード」「有効性」「構成力」といった言葉の使い方を考えてみよう。特定の文脈では、「エヴェレットはスピードがある」とか「アリスはとても効果的だ」と言うのは文法的に理にかなっているかもしれないが、スピードや効果性が、エヴェレットやアリスのすることすべてに展開される一般的なスキルであるという考えを伝えるつもりはない。私たちは、ある活動においてスピードがある、あるいは効果的である人が、他の活動においてそのような特性をもっていない可能性があることを、暗黙的であれ明示的であれ認識している。さらに重要なことは、スピードをもつ、あるいは効果的であるための具体的な要素は、追求できるさまざまな活動と同じくらい多様であることを認識している。要するに、文法的にはこのように言うことができても、スピードや有効性は一般化された能力ではないのだ。

同様に、特定の文脈においては、「批判的思考能力」について語ることは意味がある。私たちは「エヴェレットは批判的な歴史家である」とか「アリスは社会学を非常に批判的に追求している」と言うかもしれないし、これらの言明は完全に意味を作り出している。しかし、このようなことを言う中で、私たちは、エヴェレットやアリスが、他の活動にも同じように適用できる一般化された能力をもっていることを伝えようとしているわけではない。なぜなら、スピードや有効性、構成力と同様に、批判的思考も一般化された能力ではないからだ。さらに、前述のエニスの三つの次元（論理的、尺度的、実用的）の議論は、批判的思考が実際には一般化された能力ではない理由を正確に示している。それは、批判的思考が概念的に特定個別の活動や特殊な知識分野と結びついているからである。私たちが批判的思考を特殊な分野や特定の活動から切り離すことを禁じている理由は、批判的思考を一般化された能力として考えることを不可能にしている理由と同じである。

最近では、エニスは批判的思考そのものへの関心をさらに広げ、合理性全体について研究している。『『合理的思考の概念』のためのノート」と題された最近の論文で、エニスは再び「合理的思考者の特徴」の長いリストを提示している。[*18] この最新の研究で特に注目に値するのは、『ハーバード教育評論

(*Harvard Educational Review*)』での論文発表から十七年経った今も、エニスが批判的思考と同じ前提を置き、同じ戦略を合理性の分析に用いていることである。したがって、予想通り、この最新の取り組みは、彼の批判的思考に関する分析と同じ欠陥に苦しんでいる。このことは、とりわけこの二十年間、私たちがあまり進歩していないことを示唆している。私たちが自らの専門用語の罠から解き放たれ、「批判的思考」や「合理性」といった用語が一般化されたスキルを示すものではないことを認識しない限り、この進歩の速度を上げることはできないだろう。

エドワード・ダンジェロの批判的思考の概念

エドワード・ダンジェロの著書『批判的思考の教授法(*The Teaching of Critical thinking*)』[*19]には、ここで興味を引くいくつかの特徴がある。同じような目的の本の著者の多くよりもはるかに徹底的に、ダンジェロはまず、自分の教授学的提案を正当化するために、批判的思考の概念の意味を探ろうと試みている。エニスの論文発表から九年後に書かれたこの本は、エニスの批判的思考の定義を否定している。しかし、彼がエニスの基本的なアプローチをどの程度まで吸収し、同じ基本的な前提を置いているか、そしてどの程度まで受容されてきた批判的思考に関する見解を永続化しているのかに注目することは、興味深い。

ダンジェロはエニスの批判的思考の定義を否定する。

（彼の批判的思考の定義は）言明の評価には常に正しい方法と正しくない方法があると仮定している。しかし、ある言明に対する正しい評価がなされたかどうかを判断が難しい意見の不一致は存在する。ある論争者は特定の信念を検証するのに十分な証拠があると主張するかもしれないが、別の論争者はそれを否定するかもしれない。特定の言明を誰が正しく評価したかを判断するのが難しい、境界線上のケースは数多く存在する。倫理的な意見の相違の歴史もまた、ある議論を誰が正しく評価したかを判断することが不可能な場合があることを示している。[*20]

しかし、この論証は、言明を評価する正しい方法が存在しないことを示すものではない。なぜなら、ダンジェロ自身の論証も含めて、すべての論証は正しい方法があることを前提としているからである。すなわち、どの評価が正しいかを判断するのはしばしば困難であることを彼は示しているに過ぎない。エニスの「言明を正しく評価する」という言葉の欠陥は、言明に正しい評価がないということにあるのでも、正しさは判断するのが難しいということにあるのでもなく、正しくあるということが批判的思考の結果として起こりうることであって、そのプロセスそのものを説明するものによってではないとしていることにある、というわけである。

とはいえ、エニスの定義を公式に否定したダンジェロは、自分の定義を提出している。

批判的思考とは、言明、論証、経験を評価するプロセスである。批判的思考の運用上の定義は、評価プロセスで使用される態度やスキルのすべてで構成される。[*21]

「正しい」という言葉を削除し、「経験」を入れたことを除けば、ダンジェロの定義はエニスの定義と顕著な違いはない。「経験」が含まれていることは、非命題的な知識も含む可能性があるため、大きな違いとなる可能性がある。しかし、ダンジェロはこの可能性を発展させるようなことは何もせず、代わりにエニス以上に精力的にいわゆる「言明の評価能力」を追求している。したがって、彼が「経験」を付け加えたのは偽りであり、この概念に新たな光を当てる機会を逸してしまったのである。

エニスの批判的思考の分析に加えられた最も顕著な点は、ダンジェロがエニスの十二の「側面」（あるいはスキル）のリストを五十の「スキル」と十の「態度」にまで拡張したことである。彼には、このような（際限なく続く可能性のある）長いリストが誤った手順の種を含んでいるかもしれないとは思いもよらないようだ。しかし、ダンジェロは自分の「スキル」のリストに固執する。エニスと同じように、「言明の意味を判断する」ことから始まり、それぞれの「スキル」に説明的なパラグラフを設けている。ダンジェロはエニスがもっているすべての項目に加え、「非形式的誤謬（informal fallacies）」、さらに彼独自の「スキル」、例えば「決まり文句の分析」「比喩的な言葉を文字通りの言葉と取り違えないこと」「事実と意見を区別すること」「常識を判断すること」「感情的な言葉の分析」などをリストに加えた。[*22] しかし、新しい見出しの下には、アリストテレスの『修辞学』やクインティリアヌスの『オラトリオ』以来のアドバイスが含まれている。

ダンジェロはスキルのリストに、「批判的思考を発達させるために必要な条件である次のような態度」を加えている。

1. 知的好奇心
2. 客観性
3. オープンマインド
4. 柔軟性
5. 知的懐疑心
6. 知的誠実さ
7. 体系的であること
8. 粘り強さ
9. 決断力
10. 他の視点を尊重すること*23

「知的好奇心」と「体系的であること」は、多くの文脈において明らかに価値ある特質となりうるが、それらが批判的思考の「必要条件」であると断言する根拠は見当たらない。しかし、駆け出しの生徒にとってより厄介なのは、「オープンマインド」「柔軟性」「決断力」を同時に示そうとすることだろう。ダンジェロは、決断力について次のように述べている。

証拠が擁護するとき、ある種の結論に達する能力のことである。不必要に論証が長引くことや即断、そして必要な情報がすべて得られるまで決断を遅らせるのを避けることである。

そして、柔軟性を次のようなことであると表現している。

自分の信念や探究方法を変更する意欲のこと。不動の信念、独断的な態度、硬直性を避けること。すべての答えを知っているわけではないという認識。*24

批判的思考の「必要条件」として、この二つの要件はどのような場合でも満たされなければならない。しかし、どちらか一方が満たされれば、同時にもう一方が阻害されることになる。形式的には矛盾しないとしても、少なくとも現実的には同時に満たすことは不可能である。いずれにせよ、両者の共通の必然性を主張することは、解明よりも混乱をもたらすと私は考える。むしろ、これらの態度は確かに批判的思考を助けてくれることもあるが、その「必要条件」ではないことを認識すべきだと思う。ダンジェロがリストから外している項目の一つには、分析が必要なときに決まり文句を使わないようにすることがある。

しかし、ダンジェロの分析における最も重大な欠点は、事実や情報の知識を批判的思考の領域から排除しようとする彼の執拗な試みにある。少なくとも「次元」を通じて事実の必要性を認めているエニス以上に、ダンジェロは批判的思考を「スキル」と「態度」のみで定義しようとしている。ある意味で、ダンジェロはエニスの論文の一般的な主旨を、注意深く読めばわかることよりもさらに踏み込んでいる。もし知識や情報がなくても技術をもつことができるというのが文字通り本当なら、私たちはこれについて「エヴェレットは技術をもっているが、その具体的な中身はない」などと言えることになるが、それは馬鹿げている。ダンジェロが事実に関する知識を排除することによって批判的思考の純化を試みようとしていることについての最初の証拠は、彼の著書の最初の頁に現れている。

> 批判的思考の発展には、思考が行われる対象分野に関する知識が必要な場合が多い。例えば、ある言明が事実なのかそれとも意見なのかを判断するには、一定の知識が必要である。しかし、批判的思考のスキルを活用するためであれば、特定分野における特定の知識が必ずしも必要なわけではない。
>
> （……）
>
> 批判的思考のすべてのケースで生じているように思われる要因は、ある種の態度と、ある種の思考スキルの知識と応用である。[*25]

しかし、ダンジェロが「しばしば必要となる条件である」という表現を使っているのは不思議である。何かは何かの必要条件であるか、そうでないかのどちらかであり、必要条件であるならば、それは常にそうであって、単に「しばしば」とか「ときどき」ではない。これは、必要条件という概念を覆すことによって、批判的思考から知識や情報の必要性を取り除こうとする怪しげな試みである（確かに、ダンジェロは必要条件の除去に失敗しているが、それはいわばダンジェロ自身を救っているのである）。

通常なら、私はダンジェロが「必要条件」という言葉を誤用したことをあまり問題視すべきではない。しかし、この混乱は彼の著書全体にあまりにも蔓延しており、それによってあまりにも多くの混乱が生み出されている。例えば、ダンジェロは何カ所かにおいて、これとこれのスキルは「評価において常に必要なものではない」ので、批判的思考の一部にはなりえないという理由で、他の著者の提案を退けている。それでは、ダンジェロが提唱する五十の「スキル」と十の「態度」のすべてが、批判的思考の各行為において共同して発現していると推論すべきなのだろうか。もしそうでないなら、彼のスキルも他のスキルと何ら変わりはなく、単独で見れば、彼のスキルも「時に必要」なものに過ぎないことになる。ダンジェロがこのような議論で一貫して行っているのは、実際のところ、他の著者による競合する提案を処理するために、「必要な」の意味を曖昧にすることである。おそらくダンジェロは、彼の五十の「スキル」と十の「態度」が批判的思考の論理的に「必要な条件」を構成しているのに対して、「問題解決能力」や「解釈能力」などの他のスキルは偶発的に必要なものであると主張しようとしているのであろう。したがって、彼はこれらの後者のスキル（他の著者によってこれまで提案されてきたもの）のそれぞれを、「常に必要なものではないので、批判的思考の定義の一部を構成することはできない」と指摘することによって退けている。しかし、彼は問題によっては、これと同じ尺度を、常に必要というわけではない彼自身のスキルのリストに同様に適用することができていない。

ダンジェロが、自分の（好みの）リストに含まれていない提案されたスキルや手順を拒絶する典型的な例は、問題解決に対する拒絶にはっきりと見られる。

批判的思考と問題解決との関係は何であろうか。問題解決の手順についてはさまざまな定式化があるが、教師によって最も広く使われているのはデューイの問題解決の概念である。それは次のようなステップで構成されている：（1）「困難を感じる」、（2）問題の性質を述べる、（3）データを集める、（4）仮説を立てる、（5）仮説の結果について推論する、（6）これらの仮説を検証する。批判的思考を問題解決の観点から定義するのは不正確である。批判的思考は、問題解決アプローチで使われるよりも多くのスキルから構成されており、これらのステップの中には、評価や正当化を伴わない直感的で創造的な要素も含まれている。私たちが言えるのは、問題解決アプローチにはいくつかの批判的思考スキルが使われているということだけである。*26

「批判的思考は、問題解決アプローチで使われるよりも多くのスキルから構成されている」というのは事実かもしれないが、問題はそこではない。重要なのは、「問題解決」が批判的思考の一部に過ぎないという理由だけで「問題解決」を否定することの理由をダンジェロは何も示していないということである。結局のところ、彼自身のリストの項目も同様に、せいぜい批判的思考の一部でしかない。ダンジェロは、正当化されたことのないアプリオリな選択基準を用いている。

解釈的読解力が批判的思考の重要な一部であるというR・カーリンの提案をダンジェロが否定するのは、恣意的であるだけでなく、プロセスにおける彼自身の立場のいくつかの基本的な信条とも矛盾している。

カーリンは、写真を比較して評価すること、物語がもっともらしいかどうかを判断すること、資料を調べることによってある信念の確証を求めること、偏った記述や歪曲された言明を選択すること、本や定期刊行物での事実と意見を判断することを生徒に求めることによって、批判的読解力を教室で養うことができると主張している。これが、彼の考える批判的読解力の評価的側面である。カーリンはまた、生徒が文学作品の意味やメッセージを探したり、物語の登場人物を自分の知っている子どもと比較したり、出来事を自分の基準と照らし合わせて議論したりすることも提案している。これらの活動には、批判的思考スキルの使用は伴わない。生徒が、アントワーヌ・ド・サン・テグジュペリの『星の王子さま』のメッセージは、他人を思いやることの大切さだと主張したとして、この反応からは評価が行われたことの印にはならない。この本についてのメッセージはあらすじから導かれたものかもしれないし、直感的な信念かもしれない。[*27]

この最後の反論は、ひょっとすると真実かもしれないが、明らかに藁にもすがる思いでなされたものであり、信じられないような論理的可能性を押しつけている。結局のところ、この種の反論はその気になれば人間のどんな発言に対しても浴びせられうるものであり、一貫して押し通せば、絶対的独我論に繋がるだろう。結局のところ、ダンジェロを含めて誰もが、人の発言や行動こそが、その人が何を考えているのか、あるいは考えていたのかを示す最も直接的な証拠であると想定せざるをえないのである。

しかし、ダンジェロによるカーリンの否定で最も重要な主張は、前述のすべての解釈的スキルは「批判的思考スキルの使用は伴わない」というものである。おそらく、ダンジェロが言おうとしているのは、解釈それ自体は批判的思考を構成しないということだろう。しかし、彼が認識していないのは、解釈が批判的思考にとって論理的に必要条件であるということである。もちろん、その論拠は、第一に、批判的思考は評価を伴う（これはダンジェロの主要な主張であり、彼の定義の一部である）、第二に、評価は解釈を伴う（評価の基本的な材料やデータを理解していなければ、「評価」しているとは言えない）、したがって、（仮定の三段論法により）批判的思考は解釈を伴うことになる。そして、解釈は批判的思考の必要条件である。しかし、ダンジェロがこの関係を認識していないように見えるのはさらに驚くべきことである。というのも、彼のこの関係の否定は、カーリンとは逆の批判的思考を定義するのに役立つと彼が言う、彼自身の指定したスキルのいくつかと真っ向から矛盾するからである。例えば、彼の五十のスキルのリストにはこうある。「言明の意味を判断すること」「感情的な言葉を分析すること」「文脈を考慮して言葉を解釈すること」「比喩的な言葉を文字通りの言葉と取り違えないようにすること」など、これらはすべて卓越した「解釈」のスキルである。したがって、矛盾を承知で言えば、私にはカーリンの至極まっとうな提案を否定する根拠は何もない。これは、ある定義に過度に夢中になったときに陥りうる種の近視眼、もしくはその明確な例だと思う。しかもこの場合、読解という「部外者」が、哲学と非形式論理学の伝統的な敷地に踏み込んでいるのである。私は抵抗することを期待するようになったが、こんなに高い代償を払いたくない。

批判的思考から個別の内容、知識、情報を首尾一貫して切り離すことができないことが明らかになれば（この不分離についてエニスは部分的に理解しており、ダンジェロはまったく理解していなかったが）、批判的思考は単独の一学問分野ではなく、全学問分野にまたがる領域であることが認められるだろう。概念を分離しようとする理論的な試みは、その概念をほとんど認識できないほど無力化せざるをえない。批判的思考は当初考えられていた以上に複雑なものであることを、一般的な見解が認識するときが来たのである。

注　＊1　I. A. Snook, 'Teaching pupils to think', *Studies in Philosophy and Education*, vol. 8, no. 3（Winter, 1974）, pp. 154–5.

＊2　'A concept of critical thinking', *Harvard Educational Review*, vol. 32, no. 1（Winter, 1962）; pp. 81–111. 以下では「HER」と略記する。

＊3　HER, p. 83.

＊4　エニスの論文の曖昧な意図、あるいは少なくともその結果は、その後の執筆者たちによる論文の解釈の違いにも表れている。例えば Bryce B. Hudgins, *Learning and Thinking*（Itasca, Ill.: F. E. Peacock, 1978）は、エニスが批判的思考とは何かについての記述的定義を提示したと解釈しているのに対し、Edward D'Angelo, *The Teaching of Critical Thinking*（Amsterdam: B. R. Gruner, 1971）は、エニスが教育可能なスキルを定義するための規範的定義を提示したと見ている。

＊5　HER, p. 82.

＊6　HER, p. 83f.

＊7　HER, p. 84.

＊8　HER, pp. 84–5.

＊9　HER, p. 90. これらの次元についての考察は後ほど示すが、エニスがこの次元について特に詳しく説明するのを忘れたり、そうでなければしなかったりするのは重要なことである。

＊10　HER, p. 85.

＊11　*ibid.*

＊12　いわゆる「範囲定義」であっても、これらの次元は、彼の十二の「側面」が必要とされる「同じ不定領域をカバーする」ことを妨げる。

＊13　HER, p. 86.

＊14　HER, p. 84.

＊15　HER, p. 102.

＊16　HER, p. 97.

＊17　ブルームの分類法に関するこの指摘は、ロビン・バローも『常識とカリキュラム（*Common Sense and the Curriculum*）』（London: George Allen and Unwin, 1976）三七頁で述べている。

＊18　一九七九年四月二十日、トロントで開催された教育哲学学会第三十五回大会の会長講演として発表。議事録は現在出版中。

＊19　D'Angelo, *The Teaching of Critical Thinking*.

＊20　*ibid.*, p. 7.

＊21　*ibid.*, p. 7.

＊22　*ibid.*, pp. 9–15.

＊23　*ibid.*, pp. 7–8.

＊24　*ibid.*

＊25　*ibid.*, pp. 1–2.

＊26　*ibid.*, p. 19.

＊27　*ibid.*, p. 30.

第4章　非形式論理学と批判的思考

過去二十五年間、イギリスや北米の大学では、「論理学入門」「批判的思考」「批判的推論」といったタイトルのコースが一般的に開講されてきた。このようなコースは通常、学生の批判的思考能力を向上させるという主張によって正当化されている。どのようなタイトルであろうと、このようなコースの内容は主に非形式論理学で構成されている。私の知る限り、「批判的思考」と「論理学」が同義語であると主張した人はいないが、実際にはこの二つが混同されている。

しかし、この問題を少しでも反省するなら、私たちは世の中には非形式論理学を知らない批判的思想家がいる（いた）ことを認めざるをえない。逆に、非形式論理学のテキストで必要な練習問題をマスターしていても、他の多くの文脈で批判的思考者とは認められない学生たちもいる。要するに、非形式論理学と批判的思考は同じものではない。また、一方が他方を暗示することも明らかではない。今必要なのは、これらの試みの間に存在すると考えられている繋がり（connection）をより注意深く見ることである。非形式論理学の支持者の中には、この二つの概念が何らかの形で論理的に結びついていると論拠なく仮定する者もいる。また、この二つの概念は別物であるが、重要な偶発的な繋がりがあると主張する人もいる。非形式論理学は、より広い文脈で批判的思考のできる人になるための基本的なスキル、つまり道具を提供すると考えられている。おそらく、この繋がりは、五本指の練習とピアノ協奏曲の間のようなものだと考えられている。実際、非形式論理学の熱心な支持者二人は最近、「非形式論理学は、推論やその素材がどこで発生しようとも、それを批判的に分析するための道具と見なされるようになってきている」というのは正しいことであり、適切なことであると主張している。*1 この主張が単純な誇張に見えるかどうかは、非形式論理学が何を意味するかに大きく左右される。毎年多くの非形式論理学のテキストが出版されているにもかかわらず、この用語は曖昧なままである。この言葉が曖昧であり続けているために、この言葉に対するさまざまな主張がまかり通るのである。

W・W・ファーンサイドとW・B・ホルターの『誤謬——論証の偽造（*Fallacy: The Counterfeit of Argument*）』[*2]やマイケル・スクリヴェンの『推論（*Reasoning*）』[*3]などの優れたものも含め、非形式論理学の教科書は、一般的に、この教材を習得することで生徒がより理性的になり、批判的なスキルを身につけることができ、悪い論証に惑わされることもなくなるといった効能についてのさまざまな約束事で始まっている。[*4]しかし、通常、それらの教科書は誤謬に名前をつけて説明することに夢中で、非形式論理学がどうあるべきかを正確に説明することに多くのスペースを割いていない。

しかし、非形式論理学がどのようなものであるかについては、このテーマに関するテキストの内容を読み取ることで、大まかな見当をつけることができる。その本には必ず、さまざまな非形式的な「誤謬」についての長い議論、アリストテレスの三段論法といくつかの形式的誤謬についての議論、曖昧で不明瞭な言語についての議論が含まれている。このような教科内容は、何年もの間、これらのテキストの共通の中核を構成してきた。実際のところ、その内容は、グレコ・ローマン時代や中世の伝統が修辞学として教えてきたもの、すなわち説得し納得させる技術とほとんど変わらない。C・ペレルマンとL・オルブレヒツ＝タイテカは、『新しい修辞学——論証についての論考（*The New Rhetoric: A Treatise on Argumentation*）』というタイトルで、このテーマに関する長大な論考を出版している。[*5]本書の最も新鮮な点は、著者たちが形式論理学すなわち「帰納的／演繹的」パラダイムが現実の議論のほとんどを説明できないことを認識しながらも、それに代わる別の論理（「非形式論理学」）を見つけたふりをしていないことにある。タイトルに「修辞学」とあるように、彼らの仕事はより現実的なものである。一方、現代の非形式論理学者は、非形式論理学には修辞学の研究以上のものがあると主張する。しかし、その違いはどこにあるのだろうか。非形式論理学が修辞学にないものを提供するのだろうか。また、非形式論理学は批判的思考をどのように向上させるのだろうか。

これらの疑問に答えるには、ラルフ・H・ジョンソンとJ・アンソニー・ブレアが最近発表した論文「非形式論理学の最近の発展」の答えを見るのが有益である。[*6] この論文は、非形式論理学を自律的な学問の地位にまで高めようとする試みであるが、ジョンソンとブレアは「レビューというよりはマニフェストを書いているのかもしれない」と認めている。

非形式論理学に関するR・H・ジョンソンとJ・A・ブレアの見解

非形式論理学と古典的修辞学は、どちらの分野の支持者にも認められている以上に共通点が多い。例えば両分野とも、そのエンタープライズと形式的実証との識別から始める。この点が、論理学、幾何学、数学、およびその他の形式科学の特徴である。これらの後者の分野では、推論で得た結果は、形式的原則に直接訴えることによって正当化されたり妨害されたりする。ただし、非形式論理学および修辞学には形式的原則の強みがないため（したがって「非形式」という用語である）、推論と議論における誤解は、より正確性に欠けるほかの手段によって特徴づけられることになる。修辞学と非形式論理学のそれぞれの歴史は、両者の議論へのアプローチがいわゆる「誤謬」を利用して推論の誤りを特徴づけていることを物語っている。これらの文脈における誤謬の観念は、公理または形式の分離原則と同じ正確性で適用することはできず、単に推論における（ある種の）ミスを示すものとして最も考えられる。C・L・ハムブリンは、このような「誤り」をシンプルに「有効であるように見えるが有効ではない議論」として定義している。

修辞学と非形式論理学の差はそれぞれの利用の目的または範囲内にある、と提起したい気持ちに駆られる人もいる。しかし、両者とも実行（プラクシス）、ひいては同一範囲についての実行に問題関心がある。特に、修辞学はその起源と発展において、日常の話法や修辞的な文体に見られるような、説得、熟議、議論の技術の研究を強調する傾向があった。それは、非形式論理学のように、倫理的、法的、および政治的な論証の推論や説得力の研究が常に含まれている。ジョンソンとブレアは、論理学と修辞学を区別しようとしており、非形式論理学について、次のように定義している。

通常の論証の評価に必要となる論理（ロジック）の原理と基準の定式化を試みる論理学の分野（一つの学問分野として完全に認められるわけではない）である。私たちは議論を評価するための手順の作成のみならず、理論を裏づける上での表現も含めるためにこれを取り入れる。[*7]

敬意をこめた「論理」という言葉をこの定義の最初の部分に導入したことで、明瞭にするよりも混乱させている。というのも、この言葉は明らかに通常の意味をここではもたないからである。非形式論理学と修辞学は、論理的システムの特質である形式の分離原則が欠如していることで、実証的科学とは識別される。実際、「非形式論理学」というフレーズが名辞矛盾であるという重大な感覚がある。あるものが真に非形式的である（すなわち、それには分離規則がない）場合、その語の通常の意味の中で論理的ではない。「論理」という用語は非形式論理学の意味を説明するものでも、また修辞学と区別するものでもない。

ジョンソンとブレアの非形式論理学の定義の第二部において、私たちはその意味を探さなければならない。特に、非形式論理学が通常の論証の評価に必要な論理の原理と基準の定式化を試みるという主張や、これは「論証を鑑定するための手順」だけではなく「理論を裏づける上での表現」を含むことになるという主張に注目しなければならない。[*8] ここではおそらく、その正確な説明よりもむしろ非形式論理学の大志（ambition）に目を向けることになるが、これは非形式論理学と修辞学を区別するのに大いに役立つ。というのも、非形式論理学を特徴づけて修辞学と識別する論証の包括的な理論を定式化することこそが正確なこの大志（すなわち願望）であるためである。歴史的に、修辞学は断片的に論証と誤謬の分離分析方式を挙げて説明するだけで満足していたのに対し、非形式論理学は「通常の論証」について、「原理を定式化」し一般的な「評価の基準」を提供するという一般的理論に分類することを試みる。これを除き、他のいかなる特徴も、非形式論理学と修辞学を区別するものではない。実際これは、ジョンソンとブレアが「一つの学問分野として認められる」ことを望んでいるこのような理論の定式化に向けた努力である。

ジョンソンとブレアの論文には、彼らが非形式論理学と修辞学との主要な差異を「分析と批評」の中に常に存在するものとして捉えていて、後者を非形式論理学の領域と考えていることを示唆する証拠がかなりある。しかし、彼らが推定している差異は、詳細な調査に耐えうるものではない。特にペレルマンとオルブレヒツ＝タイテカといった修辞学者が非形式論理学者と同程度に分析や批評に問題関心を抱いている十分な証拠がある。実際、しばしば修辞学者から提示されるさまざまな誤謬や修辞的な技術の詳細な説明は、非形式論理学者の最良の成果をしのぐほどである。ジョンソンとブレアが言いたかったところは、おそらく、非形式論理学者が望む類の、つまり一般原則や理論の定式化に繋がる類の分析や批評が修辞学者から提供されることはないということである。このように、修辞学と非形式論理学の実際的な違いは、非形式論理学者の論証についての一般的理論に向けられたこうした欲求（すなわち願望）の中に存在する。

非形式論理学者がそのような理論を定式化する試みにどの程度成功したのかを検討する前に、彼らが切望する目標の性質を考えることには価値がある。「通常の論証（ordinate argumentation）」（非形式論理学者が特に漠然とさせている用語）の正確な意味を当面は無視し、通常の論証または推論についての一般的理論とはどのようなものか、その可能性を探りたい。一つ例を挙げると、こうした理論は、論証の評価において人が訴えることのできる原則や原理のセットを与えてくれるものである。しかし、もし非形式論理学者がこれらのすべての原則および原理の開発にこれまでに成功しているというのなら、彼らは通常の論証または推論についての形式論理を有しているということになる。すなわち、この望まれている理論は、推論の非形式的側面を取り除き、企画に本物の、そして通常の推論についての論理として、教授可能な論理を与えてくれることになる。しかし、これまで通常の推論についての論理というものが可能だっただろうか？ そのような論証についての理論が構成されうると思われるほどの根拠はあるのだろうか？ 現在のところ、推論で得た結果を正当化したり、誤謬の訴えを支持したりするために原理または原則を絶えず要請することは、盲信に過ぎないようである。すべての推論には、それを正当化するための何らかの原理がそこになければならないという暗黙の仮定がある。原理はその性質上一般的なものであることから、これらの一般的な原理は推論についての理論に体系化することができると考えられているようだ――したがって、ジョンソンとブレアは、「手順の生成」と「裏づけ理論」を調査している。原理はあらゆる推論で得た結果の根本をなさなければならず、推論についての一般的理論が成り立つ、と考えていた他の哲学者の最も忘れがたい提案は、スピノザの「幾何学的方法」とデカルトの『精神指導の規則（*Rule for the Direction of the Mind*）』である。しかし、哲学の歴史は、これらの方法が次の二つの点から不十分であることを示していた。第一に、それ自体は原理によって根拠づけられることのない、人によっても異なってくる直観が必要とされる。第二に、これらの方法は有効な用途の領域が非常に限定されている。

論証についての理論を開発したいという非形式論理学者のこの欲求は、次の二つの信条に基づいている。なお、そのどちらにも私は根拠がないと考えている。一つは、ある推論が正当化されるのであれば、その正当化はさらなる何らかの原理に属していなければならない、という見解である。しかし、ここでの誤りは、一般原理の使用についての観念と正当化することについての観念とを混同していることにある。すべての正当化された決定（または判断）が一般原理を使用するというわけではない――少なくとも理論に必要な類の原理を使用するとは限らない。正当化された独特の判断に加えて、不確定の事象と周囲の事情によって正当化される決定と判断がある。しかし、より重要なことは、単に経験にのみ基づいて正当化されたような（そして他のいかなる方法でも支持されることができないような）決定や判断があるということである。実際、正当化された信念、決定、判断の大部分は、この類であるというのはもっともな主張だ。

論証についての理論の研究の根底にあるもう一つの信念は、人間の経験のある領域で適用される原理は、他の領域でも適用されなければならないという暗黙の考えである。つまり、何かが「本物の」理由の原理（理由律：principle of reason）であるならば、それは一般化可能でなければならないと考えるのである。この推論の筋道は、一般化可能であることは、どこから見ても反復可能であることと同じであると仮定している。しかし、この仮定は、ある領域内で反復可能な原理と、複数の領域に適用される原理との間の重要な区別を見落としている。特定のゲームのルールが他のゲームに適用されるとは限らないように、ある種の理由の原理は、人間の経験のある領域では適用されるが、他の領域では適用されない。

例えば、ビジネスや法律における理由の原理は、科学や倫理においては誤りかもしれない。[*9] これは驚くべきことでも深いことでもないが、形式論理学者たちが絶えず曖昧にしている点であり、論証についての一般理論の開発に対する彼らの楽観論を説明するものかもしれない。

まとめると、現在のところ、非形式論理学と修辞学を区別するものは、非形式論理学者による通常の論証についての理論を生み出そうとする試みを除いてほとんどない。ここまでの議論――実際のところ本書全体――は、そのような理論の定式化の実現可能性を疑う理由を提供している。なぜなら、ここまでの議論が次の二つの高度に疑わしい仮説に依拠しているからである。第一に、正当化される推論はすべて、それ自体で正当化される何らかの一般的な理由の原理（理由律）によって承認されなければばならないという仮説である。第二に、理由の原理（理由律）は教科内容に関係なく領域を超えて適用されるという仮説である。[*10]

ジョンソンとブレアの論文の大部分は、非形式論理学における最近の貢献と発展をレビューし、さらなる研究が緊急に必要な点を指摘している。著者らは、この分野の研究が「誤謬についての理論」と「論証についての理論」の二つの区別できる分野に分類されると提案している。私は、それらの発展を評価するため、これらの領域の各々について順にコメントしていく。

誤謬についての理論

最初に断っておくが、私の印象では、非形式的誤謬（informal fallacy）を教えることや学ぶことは、私がチャーリー・ブラウン症候群と呼ぶものに悩まされてきた。これはピーナッツの漫画に象徴されるもので、ルーシーが公式っぽいオレンジの木箱（傘付き）と「精神科がお助けします——五セント」と書かれた看板の後ろに座り、チャーリーに「五セントで、今日悩んでいることを教えてくれたら、その名前を教えてあげる」と言う。これと同じように、非形式論理学を教えることは、推論における明らかな間違いに名前をつけることとくらいしか関わりがないように見える。そして、チャーリー・ブラウンの場合と同じように、何か価値あるものが得られるかどうかはわからない。

非形式的誤謬を教えることとは、通常、言語上の誤謬（例えば、曖昧さ、同義性など）、論点をはぐらかすこと、感情に訴えること、性格や状況を攻撃すること、無関係な理由づけ（irrelevant reason）や因果判断の誤謬（false cause）など、よく知られた誤謬を説明し、その名前を挙げることである。生徒たちは、さまざまな演習を行い、新聞の社説、政治演説、広告、その他の一般的な情報源からこれらの誤謬を選び出すことによって、これらの誤謬を見分けることを教わる。最初の練習問題は、教科書の目的のために作られたものなので、誤謬が明らかな場合がほとんどである。しかし、単純な教科書の例から、より複雑な現実の例に移ると、教師と生徒の双方に深刻な問題が生じる。これらの問題の原因はいつも同じで、誤謬のある命題と誤謬のない命題を区別する決定的な尺度がないことである。さらに、誤謬とはほとんど、あるいはまったく関係のない理由から論証が弱くなることがあるが、このような理由が本当の誤謬と明確には区別されていない。このような長年の問題への苛立ちのために、多くの非形式論理学の教師は誤謬を完全に取り下げざるをえなくなった。

しかし、こうした同じ問題が、C・L・ハンブリン、[*11] J・ウッズとD・ウォルトン、[*12] そしてジョンソンとブレアといった誤謬アプローチの支持者を奮い立たせ、「誤謬についての理論」を発展させる新たな試みに向かわせている。ジョンソンとブレアはこう説明している。

「誤謬についての理論」を、私たちは、特定の誤謬が発生する条件を明確かつ厳密に定式化する試みのことであると考えており、そこにはさまざまな種類の誤謬の性質や存在に関する関連した疑問も含まれる。[*13]

そして、彼らはより重要な誤謬のいくつかを取り扱っている入手可能な先行研究についての議論を開始する。最も重要で厄介な誤謬の一つは「無関係な理由づけ」の誤謬である。

実際、どのような基準に照らしても、最も重要な非形式的誤謬の一つは無関係な理由づけ（不合理な推論：*non sequitur*）であるが、関連性《レリバンス》の概念（concept of relevance）に関する適切な非形式的分析はまだ行われていない。アンダーソンとベルナップ（およびその後継者たち）は、関連性《レリバンス》の概念を形式的な体系で捉えようと試みたが、完全には成功していない。非形式的分析がこの課題においてより良い結果を出すかどうかは、時間が経ってみなければわからない。繰り返しになるが、日常的な論証に関連する適切な証拠や十分な証拠という概念には、概念的な裏づけが必要である。いったいどんな条件下なら、論証の擁護できない前提が論理的な攻撃性をもつというのだろう。[*14]

この誤謬に関する研究の進展のなさにジョンソンとブレアは臆することなく、「まだ多くの仕事が残されている」と示唆して議論を締めくくっている。[*15] しかしながら、これらの関連する問題で足踏みしていることは、それが一般的な非形式論理学のアキレス腱を突いているという理由から、極めて重大なことである。ジョンソンとブレアは、この進展のなさが偶然ではないことに気がついておらず、そして関連性の規準（canon）も妥当性の基準（standard）も教科内容に依存しているという理由から、彼らが追い求めるような関連性についての説明が原理的に不可能であることに思い至らない。エニスの「実用的な側面」が強調していたように、これらの基準でさえも、偶発的な状況や起こりうる結果に対して道を譲らなければならない。関連性の普遍的な規準も妥当性の基準も存在しないのである。したがって、これは単に「やるべきことが残っている」という問題などではない。先に論じたように、そもそも私たちは、そのような普遍的な基準が存在しうると考えるだけの根拠をもちえていないのである。

ジョンソンとブレアは、「誤謬についての理論」を発展させる下地として、ハンブリンの著書『誤謬』を挙げている。[*16] 実際、この本は、アリストテレス（およびインドの伝統）から現代に至るまでの誤謬の歴史をたどるその学識だけでなく、誤謬の捉えどころのなさについての鋭い説明をしている点においても注目に値する。ジョンソンとブレアは、「誤謬についての理論」に関する研究は、ハンブリンが行ったイニシアチブの種類を拡張するべきだと提案している。伝統的な誤謬の扱い、また実際の論証の機微を捉える形式論理学の無力さに対するハンブリンの批判は、確かに説得力がある。[*17] しかし、「誤謬についての一般的理論」に対するジョンソンやブレアの熱意を共有するための根拠は、この本には見出せない。それどころか、ハンブリンの先行する諸説に対するさまざまな批判はさておき、彼の積極的な論旨は、「誤謬についての一般的理論」のようなものを受け入れるというよりは、むしろ否定する傾向がある。

具体的には、ハンブリンは次の三つの識別可能なテーゼを提唱している。第一に、誤謬の根源と基礎は論理的な考察にではなく認識論的な考察にあること、[*18] 第二に、論証の評価に関しては、さまざまな状況に対して相対的である受容性（acceptance）が、妥当性や真理といった概念よりも優先されるべきであること、[*19] 第三に、弁証法（すなわち論証）の規則と慣習は、対話者の文脈と信念状態によって決定されること、[*20] である。これらのテーゼはそれぞれ、「誤謬についての理論」は一般的な目的のために教えたり学んだりできるはずであるという考え方を支持するどころか、むしろそれに反している。また、これらのテーゼは、非形式論理学が「推論の批判的分析のための道具として、そして推論する生の素材の批判的分析のための道具として、いかなる場所であっても」使用できるというジョンソンとブレアが提唱した考え方を支持するものでは、なおさらない。しかし、ハンブリンのテーゼは、正当な理由づけについての適切な分析が、さまざまな主題、学問分野、思考形態によって機能的に決定されるという、『誤謬』

で提唱される一般的な見解を支持するものである。結局のところ、この本は誤謬や根拠のしっかりした論証（valid argument）と呼ばれるものの存在を否定しているのではなく、それらの事例が主題／教科領域を超えて普遍的に適用可能であるという見解を否定しているに過ぎないのである。

さらに、ある意味で、「誤謬についての一般的理論」というジョンソンとブレアの要請からのハンブリンの逸脱は、私自身のものよりもさらに急進的である。形式的弁証法の体系に関するハンブリンの議論では、誤謬の事例が個々の主体の信念状態やコミットメント状態に依存する限りにおいて主観的であるという見解を、容認する用意がある。このことは、ある種の誤謬を客観的に特徴づけることを可能にするが、それぞれの事例において、個々の参加者の特異な信念状態に左右されるという効果をもたらす。ある所与の論証に「誤謬」というレッテルを適切に貼りつけるためには、人はある行為者の信念や言葉の使い方について、「誤謬についての理論」が提供しうるよりもはるかに多くのことを知っていなければならない。あからさまな言明（overt statement）は誤謬の適切な指標にはならないし、考えられる文脈は無限に変化する。したがって、ある種の誤謬に関するハンブリンの首尾一貫した説明でさえ、「誤謬についての理論」を実際的な状況に適用することを楽観視する根拠にはならない。どちらかと言えば、その見込みは今ではより遠くにあるように思われる。

ジョンソンとブレアの誤謬に対する熱意について、最後にもう一つ指摘しておきたいことがある。それは、彼らが新たな誤謬の発見（創造と言うべきかもしれない）を重要視していることである。誤謬の分野における進歩と見なすものを要約して、彼らは言う。

最後に、現代的な弾薬を使った現在の問題についての現実的な論証を作家たちが検討し、反省的な市民あるいは消費者としての論者と聴衆の責任について熟考する中で、まったく新しい誤謬が追加されてきた。私たちはここで、カーハネの「形骸化」「未知の事実」「抑圧された証拠」「統計的誤謬」、あるいはウェドルの「ステレオタイプ」「中途半端な真実」を思い浮かべる。[*21]

実際、誤謬のリストは、誤謬についての名前を見つける私たちの能力によってのみ制限される。というのも、先に論じたように、誤りを犯す可能性のある方法の数は事実上無限だからである。したがって、ジョンソンやブレアが新たな誤謬の導入に熱中していることに共感するのは難しい。もっと一般的に言えば、おそらくセクストゥス・エンピリカスと同じくらい古くから存在するにもかかわらず、非形式的誤謬アプローチの支持者がこの反論に正面から取り組んでいるのを私は見たことがない。[*22] 現代では、他の作家も同じ見解を示している。[*23]

人が誤りに達する可能性のある方法の分類などというものは存在しない。そのような分類が存在しうるかどうかは、大いに疑問である。（A・ド・モルガン[*24]）

真理には規範があるかもしれないが、誤りはその逸脱において無限であり、いかなる分類において

も消化することはできない。（H・W・B・ジョセフ[25]）

人が関心をもつ多様な事柄において起こる論理的諸原理の乱用をすべて列挙することは不可能であろう。（M・コーエンとE・ナーゲル[26]）

非形式的誤謬アプローチの支持者は、「ある種の際立った誤用」や「よくある誤り」が一般的に行われており、それを明確にしたいと述べることで、この点を迂回しているだけである。しかし、分類された誤謬の一つとして明確に認定されるためには、その誤謬は私たち全員が誤謬として認識できるほど一般的（かつ明確）でなければならない。しかしこのことは、誤謬を有用に適用できる言説のレベルや種類について、重大な問題を提起することになる。こうした個々の誤謬は、容易に識別可能であるか、あるいはそれがおそらく分類された誤謬の一つではないかのどちらかである。マイケル・スクリヴェンも、この誤謬アプローチに対してよく似た反論をしている。

先の論証［スクリヴェンの論証］は、「誤謬のアプローチ」に対する強力な論拠を確立していると思うかもしれない。しかし、その誤謬は一般的な誤謬ではないことが判明する――誤謬の分類法（タキソノミー）なしに分析するために必要とされるすべてのスキルを、誤謬を識別するプロセス、ひいてはラベルに組み込まない限り。その場合、形式的なアプローチとなり、符号化（つまり診断）のステップが厄介なものとなる。[*27]

形式論理学の有用性について否定的な判断を裏づけるために、ジョンソンとブレアはイェホシュス・バー＝ヒレルの言葉を引用している。

ここにいる全員に対して、形式論理学の助けを借りてその正当性を評価することに成功した自然言語による真剣な論証について、その断片でも私に示してくれないかと異議申し立てをした（……）。慣例的な適用は、多くの場合、無頓着で、大雑把で、無原則なものであり、さもなければ、議論の対象となる元の言語的実体を別のものに再定式化することに依存している（……）そのプロセスもまた、ほとんどの場合、無原則で、誤解されているものである。[*28]

だが、この異議申し立ては、非形式的誤謬アプローチにも同様に当てはまるように思える。実際にジョンソンとブレアが認めているように、「私たちは現在では広く受け入れられている非形式的誤謬についての理論的説明をもっていると主張することはできない[*29]」のだから、状況は少し悪いものになってすらいる。

論証についての理論

誤謬に加えて、ジョンソンとブレアによって区別された形式論理学に関連する他の研究分野には、「論証についての理論」がある。彼らは次のように述べている。

私たちの意味するところの「論証についての理論」とは、このジャーナルにおける研究の第二の焦点であり、形式論理学モデルや証明理論モデルの奴隷ではない、論証の本質に関する明確な概念を定式化する試みであり、形式論理学のものよりも日常的な論証に近づいて光を当てる推論の諸原理を開発する試みである。[*30]

ここでもまた、ジョンソンとブレアは、この分野における最近の先行研究をレビューし、未解決の問題や疑問点を指摘しながら、信頼に足る仕事をしている。さらに、このような試みで達成された成功の度合いについても率直に述べている。

この分野の研究を要約すると、「論証についての理論」は「誤謬についての理論」の研究よりもはるかに進んでいないように思われる。有効な論証、説得力のある論証、成功した論証、許されない論証という概念は、いずれも未熟なものである。だが、それらは、自然な論証の領域により近い、そして妥当性や健全性の概念をも凌駕するかもしれない論証の概念を探求する方向へと進む最初の用例であると捉えうるものなのかもしれない。[*31]

現時点では適切な「論証についての理論」らしきものは存在しない、というジョンソンとブレアの見解（これは正しい）の結果として、これまでの「論証についての理論」についてではなく、ジョンソンとブレアが考える「論証についての理論」がどのようなものであり、またその理論でどのようなことができるようになるのかという疑問について考察せざるをえなくなる。

ジョンソンとブレアがこれらの疑問について述べていることから、彼らにとって「論証についての理論」とは、少なくとも次の二つの性質をもつものであることは明らかである。第一に、形式的あるいは数学的な合意とは異なる、「実践的」「日常的」「現実的」「平凡な」そして／または「ありふれた」議論を対象とするものであること、第二に、前記の分野における問題に対する解決策を成文化、体系化、組織化する役割を果たす、ある種の「理論的裏づけ」をもつものであること。例えば彼らは次のように言う。

実際に今必要なのは、これらの問題に対して開発されたさまざまな実際的解決策の調査と、必要な理論的裏づけを構築する試みである。[*32]

暗黙のうちに、彼らは「普通の日常的な論証」を、ある種の「論証についての理論」が君臨しうる、明確に識別可能な領域と見なしていることがわかる。彼らは、そのような理論の基礎を築こうとした最初の試みではないにせよ、最も説得力のある試みとして、スティーブン・トゥールミンの著書『論証の用法（*The Uses of Argument*）』*33を挙げている。トゥールミンは、実際の現実の論証に正当に対応しようとする形式論理学の不十分さをはっきりと示している。さらに彼は、論証する各分野によって、いかに異なるタイプの（データから結論への移行を正当化する）推論の「論拠（Warrant）」を採用しているかを示している。異なるタイプの「論拠（W）」は、法理的な法（jurisprudential law）が判例（先例）に基づいて成立しているのと同じように、それぞれに合法性（あるいは正当化）を受けていると彼は主張する。したがって、論理学が実用的でありたいと願うのであれば、このようなさまざまなタイプの推論（あるいは「論拠（W）」）を考慮に入れなければならない。

ジョンソンとブレアが、実践論理学（と呼べるのであれば）の分野でおそらく最も重要な指導者であるトゥールミンを引き合いに出したことは正しいと私は考えている。しかし、トゥールミンの研究が、ジョンソンとブレアが考えているような「論証についての理論」を支持するものではないことは、さほど困難なく示すことができると思う。それどころか、トゥールミンの先駆的な研究の意味するところは、論証されることになる分野や主題の数だけ、異なった正当な論証の型があるということである。トゥールミンにとって、推論の「論拠（W）」は常に分野領域に依存するものである。そして分野領域は、それに対応する推論の様式とともに、動物の種よりも広く異なっている。トゥールミンによれば、形式論理学は推論におけるこのような重大な違いを見過ごすという誤りを犯した。したがって、形式論理学が一般的有効性を損なうということこの議論と同じ議論は、実践論理学の一般的理論にも同じように当てはまる。トゥールミンの研究は、推論のパターンが異なる多様な対象をカバーするために、複数の理論が必要だという考えを支持している。彼の論文は、共通の「理論的裏づけ」をもつ論証についての一般的理論を追い求める人々には何の励みにもならない。実際、トゥールミンのテーゼの背後にある彼の基本的な洞察（本書第2章五四〜五五頁で引用）とは、「日常的な」論証、あるいは「リアルな生活での」論証と便宜的に呼べるような認識可能な実体など存在しないというものである。リアルな生活での論証は、人間の経験や関心の範囲と同じくらい多様で多彩なものである。そして、それが知的に行われる場合、その複雑さは、あらゆる単一の理論では合理的に説明しきることなど望むべくもないほど無限である。人間の言説の複雑さに関するこの当たり前の事実を否定したため、あるいは認識しなかったために、中世の形式論理学者は自分たちの結石をとることを深刻に考えすぎてしまった。そして今、そのことが非形式論理学者に同じ過ちを犯させようとしている。したがって、私がジョンソンとブレアの論証についての理論を拒否するのは、トゥールミンが間違っているからではない。彼が正しいからである。

一度立ち止まって、ジョンソンとブレアが論文全体を通して丹念に指摘した多くの「さらなる研究を必要とする残された問題」について分析してみると、それらはすべて、共通の「理論的裏づけ」を伴った「論証についての理論」への（非現実的ではあるが）偏在的な願望から生じていることを理解することができる。次の問いは、その「残された問題」のいくつかである。

どうすれば、論証と論証につきまとうレトリックとを分離できるのか？

どのような解釈原理（principles of interpretation）を適用するのか？

そして、どのような評価基準（standard of evaluation）が用いられるのか？

評価の尺度（criteria of evaluation）はどのように決定されるのか？[*34]

これらの問題はそれぞれ、ある種の画一的な答えが期待されていることを示唆している。あたかも、どの分野領域でも、教科内容が何であれ、諸原理は同じであるかのように。しかし、トゥールミンはこのようなことは期待すべきことではないと主張してきた。これらが未解決の問題のままであるのには、まさにこうした理由がある。主題／教科領域を超越した、もしくは付随して起きるこれらの問題に対して、画一的な答えは今後も得られないのである。

その一方で、ジョンソンとブレアが、必ずしも単一の論証についての理論を探しているのではなく、実際には多くの論証を同時に受け入れる用意があると主張したいのであれば（彼らは実際にはそうではないという証拠があるにもかかわらずではあるが）、洪水の門が開かれ、非常に多くの種類の推論が発見されることになり、非形式論理学と呼ばれる分野は存在しなくなるだろう。ましてや、「自律的な学問分野として正典化」されるようなものは見つからないだろう。既存の学問分野は、時には誤りを犯しやすいかもしれないが、すでに独自の推論手順に染まっている。そして、それらの手順を正しく使うことを学ぶには、それらの学問の特異性を学ぶ必要がある。非形式論理学のジレンマは次のところにある――真空の中で（つまり特定の主題／教科領域から切り離されて）推論を学ぶことは、形式論理学と同様に実りがなく不毛であるが、実質的な推論を学ぶには、実際の主題／教科領域について学ぶ必要がある。前者の選択は過去の罪の再犯であるし、後者はルネサンス人のような幅広い学識を必要とする。非形式論理学者が、その両方を手に入れたいと望むのは、つまり、その分野のことを知らなくても、その分野で推論できる方法を知っておきたいというのは、哲学がいくらかだが論証や推論、適切な分析といったものを独占しているという、長年抱かれてきた哲学的偏見に由来する。しかし、この態度には明らかに正当な根拠がない。物理学者、弁護士、数学者の高度な推論が、哲学の一般的な能力を凌駕することがしばしばあるだけでなく、そこで発見された複雑な関係を理解するために、これらの学問分野の進歩に追随して新たな論理体系が構築されることもしばしばである。哲学がこれらの学問から推論や論証について学べることは、これらの学問が哲学から学べることよりも多いということは論拠のあることである。いずれにせよ、単一の学問が、すべての論証において多能であるという主張には正当性がない。

マイケル・スクリヴェンと推論

ジョンソンとブレアは、非形式論理学の根拠を擁護する「ニューウェーブ」の教科書の一つとしてマイケル・スクリヴェンの著書を挙げている。最新の最も創意に富んだこの著書が長期間この分野で出版されてきたという点にはほとんど疑問の余地はない。特に、この著作では、いわゆる「誤謬アプローチ」の本来の欠陥と形式論理学の不完全性を認めている。実際に、ほぼ同じ理由から、スクリヴェンは両アプローチとも不十分であるとして却下している。両者に対する彼の議論は要するに、生徒たちが論証をその実際の形式に正確かつ公正に「コード化する」頃には分析の困難な作業がすべてなされている、ということである。このように、スクリヴェンは非形式論理学の擁護者であるかもしれないが、「誤謬アプローチ」の支持者ではない。

スクリヴェンの著作の説得力の強さはその方法にある。彼は、帰納・演繹の二分法、推測の原則や通常はそうした慣例に伴うすべての付随的な専門用語、そして最も重要である実際の人間の話法の不正確性や流動性に対するその感度など、従来の論証分析の形態を放棄しているのである。これによって論証分析に極めて複雑な事柄がどのように与えられるかという点を読者に見てほしいと彼は考えている。各章でスクリヴェンは、そのようなポイントを繰り返し述べている。

このセクションから、判断がどの程度まで論証分析の重要な部分となっているかを、それはいわば英語での発言を真に理解することであることを把握することは難しくはない。それらは意味または意味の出現において、内包または関連性または含意において、また時に完全に音声が無の場合にしばしば豊かなものとなる。実際に、文脈を考慮することなく多くのコミュニケーションを非難したり称賛したりすることは不可能である。例えば、ある文脈においては繊細で慎重に扱うべきであることも、別の文脈では表面的で情報価値がない可能性がある。判断はこうした場面に入るのであり、判断は単純な公式に従うことによって成し遂げられるようなものではない。[*35]

実際に、論証分析に対するスクリヴェンのアプローチは、言語的なニュアンスと偶然的な文脈に非常に影響されやすいため、論理学の多くの教師は、彼が形式論理学の有用な仕組みの非常に多くの部分を却下しており、非常にわずかの論理（ロジック）しか残されていないと考えている。もしロバート・エニスが本質的に人間的な問題を論理学の命ずるところに委ねるという誤った試みをしたとするならば、スクリヴェンの批判する者たちは、彼が本質的に論理的問題を人間化してきたことを非難するかもしれない。いずれにしても、スクリヴェンは、論証分析をこれまで以上に簡略化したもののように見せようとしていないことは明らかである。また、形式的な厳密さという観点から犠牲になってきたことは、こうした分析に実際に関与していることに対するさらに現実的な鑑賞によってバランスがとられる。

しかしながらスクリヴェンは、系統的分析を好む人に向けて少し助言をしている。彼は論証分析のプロセスを七つのステップに分類している。

1. 意味の解明（論証、またはその構成要素の意味の解明）
2. 結論の同定（言明された結論または言明されていない結論）
3. 構造の描写

4．（言明されていない）仮説の公式化（「欠落している前提仮説」）
5．以下の批判
（a）前提（所与の前提、および「欠落」している前提）
（b）推論
6．その他の関連のある論証の導入
7．1〜6に鑑みてのこの議論の全体的評価[*36]

このスクリヴェンの著書の大部分は、各ステップがどのように達成されるかという点についての示唆とともに、これらの各ステップを適用することに伴う複雑性の解説に充てられている。例えばステップ3の構造の描写の場合、彼は樹形図（tree diagram）を使用する方法を提案している。これは生徒たちが前提としている仮説や結論と欠落している仮説と結論との間の認識されている関係を系統化して示しやすくするものである。この方法は、形式論理学の従来の機構に依拠するものではなく、またいわゆる誤謬にも依拠しない。

スクリヴェンの著書の重要な側面は、その著書がもともと明らかにしているように、実際のテーゼまたは論証をその基本的構造を捉えるスキーマに翻案するためのデリケートなプロセスに対して教育学的な重点を置いているところにある。スクリヴェンは、このプロセスについて、論証の構造が明らかにされるように論証を「コード化すること」だと称している。これは初心者だけではなく熟練の論理学者にとっても、論証分析で最も難解で、最も重要な段階であるという事実を彼は強調している。推測のルールが明確に適用される形式に論証を形作ることができない限り、そのルールに精通しても意味がない。また、用意されてきたものが実際の論証ではない場合――「架空の人物」が「架空の批評」を進めているに過ぎない場合――も、論証を批判することの意味はない。したがって、予想する人もいるかもしれないが、「前提仮説探し」または「欠落している前提仮説の探索」といった「コード化する」上での大きな問題に相当なスペースが割り当てられる。特にこの問題に向けて、スクリヴェンは「欠落している前提仮説」が満たすべき四つの尺度を示している。ここにおいても、これらの尺度はこの分野での議論に啓蒙的な貢献をしている。

スクリヴェンは、自分の著作の種は自身が「スピード推論（Speed Reasoning）」と示唆的に呼ぶ過程で発芽したと指摘している。これに加え、彼の著作のタイトルである『推論』は、スクリヴェンが推論を一般的スキルと見なしていることを示唆している。

実際に、ある章末のクイズでは、スクリヴェンが以下のような問題を読者に提示している。

1.「推論は、思考と言語を使用する上での一つの個別のスキルであり、それは単に言語に所有ではなく、このスキルの熟達を示すものであり、この点が地球上でヒトという種とほかの種を区別する」。

a.（この本文に基づくなら）正

b.（この本文に基づくなら）誤
c.その他（説明せよ）[*37]

スクリヴェンは、一番目の選択肢が正解であると述べている。この全てが、この著作の一般的なテーゼとともに、こうした推論が一つの一般的スキルであるとする見解を指し示している。さらにそれは、スクリヴェンが詳細に描写するさまざまな手順と戦略を発見し、その後に実行することを通して学ぶことのできる一つのスキルと考えられている。実際に、彼の著作全体が、この主張されたスキルを教えようとする一つの試みである。

しかしながら、スクリヴェンの大規模な前提仮説を却下し、推論とは一つの一般的なスキルではなく、せいぜい一般用語であると考えている人の場合、その教授と学習についての彼の提案は無価値であり、ひいては個別のスキルを詳述するものではない一般用語である「建設性（constructiveness）」や「有効性（effectiveness）」のレッスンと同程度に役に立たないことになる。（批判的思考または創造性のように）一つの一般的スキルとして推論を捉える考え方を却下する私の理由は、以下の通りである。第一に、「推論」という用語は、何らかの特定のプロセス、パフォーマンスまたは達成のタイプを意味するのではなく、むしろそれらの多様性を示している。第二に、私たちが推論できることについての多様性は非常にさまざまで、それらのすべてについての推論のコンピテンスを一つのスキルのセットで生み出すことができるというわけではないほど多様である。第三に、人々に教授できるのは、よくても特定の分野で特定のタイプの問題に関連のある推論の方法であるが、さまざまなタイプの推論は、単一のスキルと考えるには共通点が少なすぎる。したがって私は、推論を「完全な形で」教えていると称する本には疑念を抱くだろうし、知性や思考を教えていると無条件に主張する本にも疑念を抱くだろう。このように、私は、スクリヴェンの著作が論拠としている前提を受け入れていない。

しかしながら、スクリヴェンは著作で早くもそのような推論を教授するという彼の最初の主張から離れ、論証分析を教授するという、より制約のある非常になじみのある試みに切り替えている。消費者の観点から、この種の「おとり商法」はもはや多くの警鐘を鳴らす要因にはならない。この二つが実際には同一のものであるということを論理学者が度々繰り返し示唆してきた結果、私たちはそのことに聞きなれてしまっている。しかしながら、推論と論証分析は同一ではない。この二つには共通点がほとんどないことを示す例は多い。実際、教育者が推進したい、また個人が実践したい推論のタイプは、論証分析——特に非形式論理学者が想定しているような論証分析——とはほとんど、あるいはまったく関係がないことは論拠のあることである。たいていの場合、教育者が教授したいことも、人々が習得したいことも、直面する問題の解決法である。この追求に特別に傾倒している人々によって、分析の目的で特定の推論の断片が事後的に再構築されることは、比較的小さな関心事である。これは、論証分析が時に私たちの熟議の試みにとって重要ではないことを示唆するものではなく、単にその比較的小規模の比率を構成するに留まることを指摘している。したがって、推論について論じることから論証分析について論じることへの切り替えは難なく受け入れられるべきことであるとは私は考えない。というのも、こうした切り替えは非常に根本的な識別を埋没させ、論証分析にそれがもっていない力まで授けてしまう傾向があるからである（この混同の実質的な結果は、このテーマに関する教科書の激増に繋がった）。

スクリヴェンに従って、たとえそのように論証分析のみに制限するとしても、推論と批判的思考へのこのようなアプローチはいまだにその目的を達成できていないことを確認できる。実際に、これはスクリヴェンのアプローチにとっても、そして他の非形式論理学アプローチにとっても真実である。この全般的な失敗の理由として私が思うに、共通する根源がある（皮肉にも最初に実際的な推論へと導くものであるとして、形式論理学を却下するように非形式論理学者を導いたものと同じ根源である）。これは、論証の形式はその内容よりも重要であるという、常に形式論理学の中心に君臨した見解である。この前提仮説は、意識的か無意識的かにかかわらず、同様に非形式論理学アプローチによって共有され続ける。これが仮に事実ではなかったとした場合、抽象的な研究に向けて特定の主題としての論証分析の概念全体は、まったくもって内容のないものとなるだろう。実際に、抽象的な公式間の演繹的な関係性の研究に関心がある形式論理学者にとって、この仮説は特に当てはまる。日常的な事柄の実際的な推論の評価に問題関心がある非形式論理学者にとって、この前提仮説は直観に反しているだけではなく、この仮説を支持するためにこれまで見出されてきたよりも多くの正当化が必要となる。実際に、私はこの仮説が効果的な論証分析の大きな障害であると考えている。手短に言えば、この仮説は、優れた論証はまず機能があってその後に形式が生じる、という（生物学者が指摘するところの）事実を認めることができない。[38] 非形式論理学者はこれとは逆の仮説を生成している。彼らは、形式論理学でのアプローチと同じく普遍的な基準を考案しようと試みるが、一般的有効性という代価を払わなければなくなる。彼らは、教科内容、文脈、または特定の目的に関係なく、優れた論証はすべて何らかの教授可能な原則や原理の限定されたセットに従うべきであると主張し続けている。論証の多様性と論証目的の多様性は、この考えが成り立たないことを示している。

すでに示されるように、生徒たちが実際に直面する分析の実際的な問題に取り組む限りにおいて、論証分析に対するスクリヴェンのアプローチは、他のほとんどのアプローチよりも良識のあるものである。言うまでもなく、単に彼が設定した演習、特に、論証分析の七つのステップを網羅した演習を実行することによって論証分析の困難性が克服できるという自信が彼にはあるようだが、私にはない。したがって、私は、具体的にはこのステップの成功と、概してこのアプローチの成功を阻害する問題点のいくつかを検討することが有益であると考える。

まず、七つのステップ自体についての全般的な失敗に気づくことが重要であり、これは目立たないが、実はそれらの実際的な有効性を徐々に損なう。七つのステップは、あたかもそれらが個別に実行しなければならない、あるいは少なくとも個別に扱わなければならない七つの不連続で経時的なステップであるかのようにスクリヴェンによって設けられ提示されている（本書一二八〜一二九頁を参照）。しかしながら、実際にはこれらの推定されるステップは、不連続でも経時的でもない。すなわち、各々のステップの成果は、それらのステップはいずれにおいても成功裡の解決を条件とする。見た目はさておき、それらはステップというよりも、むしろ単一の結合した存在である。

例えば、最初の四つのステップは、手順において最大のシェアを占めていると考えられる。それらを以下に再掲する。

1. 意味の解明（論証の意味、またその構成要素の解明）
2. 結論の同定（言明された結論または言明されていない結論の同定）
3. 構造の描写
4. （言明されていない）前提仮説の公式化（「欠落した前提仮説」）

現実生活での論証においては、同時にほかの要件を満たすことなく前述の四つのステップのいずれか一つを正確に達成することは不可能だ。例えば、結論の同定（言明された結論または言明されていない結論の同定）ができない限り、論証とその構成要素の意味に確信をもつことはできない。なぜなら、それ以外の場合は、論証がどこへ進むのかの予見ができないので、それによって「意味」の正当性を確保することを試みることに確信をもてないからである。また、逆に言えば、論証とその構成要素の意味を理解しない限り、結論を同定することはできない。論証においては、本当に頻繁に、通常の英語のパラグラフの分析の場合のように議論の真の意味またはポイントは述べられていないままにされてしまい、読者または聴衆が推論しなければならないことがよくある。論証の意味と結論について推論を立てる上で最も正確なガイドは、一方を他方と照合することである。これによって各々の最も鮮明な像が得られる。このガイドなしでは、単に考えられる意味と考えられる意図された結論について知らされないままに手探りしているだけとなる。[39]

これらの二つのステップが相互に依存していることは、これらの点についてスクリヴェン自身が読者に示している。例えば「意味を明らかにする」ために、彼は以下を提案している。

（e.）前提、結論、論旨や文章全体について、述べられていないが意図している重要な意味合いや示唆を書き出す。（実際には言明されていないが、何を伝えようとしているのか？）[40]

しかし、次の（第二の）ステップである「結論の特定」については、次のようにアドバイスされる。

（b.）述べられている結論を見つけるには、「したがって」「なぜなら」「だから」「こうして」などの指示語や、段落の末尾にあるなどの配置の手がかりを探す。（これらの手がかりは常に信頼できるわけではない。）[41]

彼は次のように続けている。

（c.）論証にはいくつかの結論があり、それぞれが前の結論の上に成り立っている場合がある。

また、一節の中に、まったく別の議論がいくつか含まれていることもある。注意されたい。[*42]異なるステップとされるこれらの指示は、明らかに互いに依存している。事実、これらは効果的に互いに重複している。意味もなく、これらは独立した個別のステップだとは考えられない。

ステップ3の「構造の描写」とステップ1、2の相互依存関係は、おそらくもっと簡単に理解できるだろう。ステップ3の指示は、前述の通り、前提を結論から切り離すことを含んでいる。したがって、これもまた、大きく異なるステップでもなければ、独立したステップでもない。これらの主張されるステップの間の相互信頼の他の側面を示すことは容易であろう。重要なのは、論証分析は異なるステップを特定することによって説明されるかもしれないが、実際には独立したステップで実施することはできないということである。これらの主張されるステップは、相互に依存する前提、意味、含意のネットワークの中で一体的に繋がっており、理解するためにはこれらを一緒に見なければならない。ましてや、これらのステップは連続的なものではない。私たちは、論証分析がステップ・バイ・ステップの手順に従うことで成り立っているかのような錯覚に陥っているが、実際はこれらすべての次元（およびそれ以上）を同時に連続させたものなのである。スクリヴェンのステップを順を追って使うことによって、現実生活での論証を分析することができないことは、レシピで決められた順序で材料を一つひとつ試食することによってではプリンの味を知ることができないことと同じである。

一見したところ、私がスクリヴェンの分析ステップを否定したのは、彼と私との間の教育学上の比較的小さな違いに過ぎないように見えるかもしれない。例えば、スクリヴェンは論証分析の実際の構成要素について述べているのだから、それが分離的なステップでないことは比較的重要でないと思われるかもしれない。しかし、私の批判はそれほど些細なものではない。もしスクリヴェンのステップが分離的でも連続的でもないのであれば、その反論は特に彼の著書や論証分析一般の教えやすさにとって非常に深刻な意味をもつ。ステップがないということは、論証分析という学問の根幹に関わることである。このことは、このような分析の習得を約束するコースが熱を帯びすぎているか、あるいは単純すぎることを示唆している。

「前提仮説探し」についてのスクリヴェン

スクリヴェンのステップ4「(言明されていない)前提仮説の定式化(「欠落した前提仮説」)」は、非形式論理学者一般にとって長い間困難の種であった。そのため、スクリヴェンはこの問題への対処にかなりの紙幅を割いており、この分野での彼の貢献はジョンソンやブレアなどによって賞賛されている。論証はそのままでは完全ではないので、ある論証がどのような特定の前提を置いているのかを判断することが問題となる。さらに、これらの仮定は、最初の論証を曲解したり、「論点のすり替え(straw man)」を行ったりすることなく提供されなければならない。したがって、非形式論理学の理論家たちは、欠けている前提を供給するための客観的で教えやすい尺度を開発しようとしてきた。そのような尺度がなければ、自分が直面している実際の（あるいは最初の）論証を分析しているかどうかを知る術がない。

前提の欠落に関するスクリヴェンの議論の多くは新しいものではなく、この問題は本質的に未解決のままである。しかし、この問題に対する彼の本来の貢献は、「重要な」前提条件と「取るに足らない」前提条件を区別する尺度を提供し、前者のみを追加すべきだと主張したことにある。

追加の前提、すなわち、すでに見ることのできる前提に私たちが追加しようとしている前提についての重要な点は、それが「新しく」「適切で」「説得力のある」証拠をもたらすものでなければならないということである（……）。追加の／「目に見えていない」前提（前提としていること）が新しいものでなければならないという要件は、所与の前提条件と要求される結論の間の想定される関係を繰り返すことを即座に排除する。すでに提供されているものが、論証の結論であると主張されているものに裏づけを与えることになっているという言明には、何も新しいものはない。つまり、通常、仮定とは、所与の前提において直接言及されていない他の何かに言及し、それを結論で生じる何らかの重要な概念と結びつけるものでなければならない[*43]。

問題は、新しい証拠を持ち込むという要件が、果たして欠落した前提を見つけるという問題の解決に役立つのか、ということである。実際、問題解決すると称するのと同じくらいの多くの問題を引き起こすように思われる。

そもそも、与えられた特定の論証を分析することと、それに「新しく、関連性があり、説得力のある証拠」を導入することを要求することは、明らかに異なる。たとえ結論は同じままであっても、論証は大きく変わってしまうようなことはあるのだろうか。結局のところ、与えられた結論を支持しうる論証は数多く存在する。その中には強い論証もあれば、弱い論証もある。仮定が欠けている場合も同じである。しかし、私たちの仕事は、提示された論証を分析すること、あるいは少なくともそれに非常に近い近似的な何かを分析することである。この基本的な責任を無視することは、それとなしに、あらゆる空想的な解釈を許すことになる。したがって、提示された実際の論証を曲解することなしに「新しく、関連性があり、説得力のある証拠」を導入するというスクリヴェンの要求に適応する方法を見極めることは難しくなる。スクリヴェンの助言に従うことが論証を損なわない唯一の例は、ただ一つの仮定だけが可能であるような稀なケースであろう。しかし、出来事やアイデアの世界では、ほとんどのことがそうではない。森を抜ける道が一つではないのと同じように、ある効果をもたらす出来事は一つではない。そのため、ある結論を支持する可能性のある仮定がいくつか存在するのが普通である。

これは、論証を評価する際に、結論に影響を及ぼす可能性のある他の適切な証拠を考慮する必要がないことを示唆しているわけではない。実際、そのような証拠を無視することは不合理である。しかし、論証に新鮮な証拠を導入するプロセスは、論証分析の計画的なプログラムや方法にとって重要な結果をもたらす。その第一は、新しい証拠が論証の事実上の前提であると主張できないことである。というのも、通常、それを知る独立した方法がないからである。すなわち、私たちがそのような証拠について主張できることは、「それが前提とされているかどうかにかかわらず」論証全体に対する私たちの評価に（肯定的か否定的かのいずれかの）影響を与える、ということだけである。要するに、私たちは説得力のある理由によって論証を受け入れたり拒否したりすることはできるが、その理由が実際に論証によって仮定されているどうかを知ることはできないのである。[*44] 結論の評価と論証の分析には、微妙だが重要な違いがある。前提を判断する客観的な方法をもっていなくても結論を評価することができる（評価している）という事実について、私たちは公正な姿勢であるべきだ。

第二に、スクリヴェンは、（彼が言うところの）「前提仮説探し」は機械的な手順ではなく、分析者の側に「想像力と創造性」が必要であることを認めている。しかし、この告白の意味がこれまで十分に理解されてきたとは思えない。事実上、論証分析の核心には方法がなく、つまるところは自分の工夫に任されていることを認めているのである。スクリヴェンの提案は、いくつかの戦略を不合理、非効果的、不公正なものとして排除するものではあるが、約束通りに論証分析のための積極的な方法を提供したとは言えない。創造性と想像力は方法のアンチテーゼである。

しかし、より重要なのは、スクリヴェンが、論証分析や「前提仮説探し」には創造性が必要であることを認めていることである。例えば、私たちは論証に新しい証拠や情報を導入する場合、その情報は常に選択的なものであることを認識すべきである。異なる情報や代替となる仮定を適切に選択すれば、対立するケースを擁護できるかもしれない。一般的に、抽象的な議論では、分析者が特定の前提を選択したり、欠けていると思われる前提を持ち込んだりすることで、どのような論証も常に脆弱にすることが可能である、と私は主張したい。また、「論点のすり替え」を制約しても、この現象を禁止することはできない。すなわち、それは単に、論証に新しい証拠を持ち込むことの単純な結果なのである。人は単に、その人が最もふさわしいと考える証拠を持ち込むだけであり、その人が何をふさわしいと考えるかは、論証分析の方法や規則に左右されるものではない。偏った証拠や意見に基づく証拠の侵入を防ぐことはできない。したがって、論証分析の大きな魅力や約束は果たされない。客観的で冷静な方法で論証を解決する方法を提供してくれるように見えるが、それを実現することはできない。したがって、その最初に見た魅力は、大きな失望でもあるのだ。

私は、論証は欲するものを何でも証明することができ、したがって論証を解決するための形式的な手順は時間の無駄であるとするあらゆる相対主義の形態を擁護しないし、これらの論証もこれを支持するものではないことを明確にしておきたい。そうではなく、論証は通常、複雑な状況や目的のネットワークの中で行われるものであり、(分析の目的に向けて)このような文脈から論証を遠ざけようとすることは、そのための効果的な方法がないという理由から、知的に危険であることをここで指摘しただけなのである。私は論証の評価に反対しているわけではない(実際、これは避けられないことである)。単に、それを行うための多かれ少なかれルーティーンとなる方法があるという主張に反対しているだけである。新しい証拠を取り入れることについての最後の一点は、本書の主要な論旨を明確に示しているところなので、ここに記しておきたい。それは、論証の分析・評価において論証外の情報が果たす重要な役割と関係している。例えば、スクリヴェン自身の拡張された論証の分析を見てみると、彼自身のアドバイスに従い、論証に「新しく関連性のある証拠」を取り入れていることがわかる。実際、この新しい証拠はしばしば読者に意外な形で突きつけられ、その結果、あからさまに所与の論証の土台を崩すという劇的な効果をもたらす。[*45] しかし、スクリヴェンが注意を喚起していないが、強調する必要があるのは、この新しい証拠が、論証そのものには含まれていない技術的な情報にアクセスし、それを理解することにどの程度まで依存しているかということである。どんなに熟練した技術をもっていても、論証を分析する練習を長く続けていても、情報を得ることはできない。しかし、それは効果的な論証分析には不可欠な要素である。スクリヴェンは、以前の他の人たちと同様、彼の主張するスキルを強調するために、知識や情報の重要性を減じている。しかし、このような強調は、論証の最良の評価は通常、主題／教科について最も多くの情報をもつ人々からもたらされるものであり、単に論証分析に長けた人々からもたらされるものではないという事実を見落としている。複雑な事実、出来事、考え方が存在する世界では、これらの複雑さを理解する以外に、論証を分析する近道はない。そして、必要な理解を得ることは容易ではない。そうでないように誘導されても、私たちは何の役にも立たないだろう。

注

＊1　Ralph H. Johnson and J. Anthony Blair, 'The recent development of informal logic', 原稿は一九七五年六月二十六日にオンタリオ州のウィンドソー大学での形式論理学シンポジウムで提示された資料である。この原

稿は本書執筆時点では出版準備中であった。この論文へのすべての言及は、当時発表された原稿から引用している。本書は現在、次のタイトルで出版されている。*Informal Logic: The First International Symposium*（Inverness, Cal.: Edgepress, 1980）.

＊2　Englewood Cliffs, N.J.: Prentice-Hall, 1959.

＊3　New York: McGraw-Hill, 1976.

＊4　私はいつも、非形式論理学の本が「誤謬」について、まるで推論の間違いが常に人を欺こうとする不謹慎な魂によって犯されているかのような、パラノイアのタッチで論じていることを不思議に思っている（そして不当であると考えている）。例えば、次のようなタイトルを見てみよう。Nicholas Capaldi, *The Art of Deception*（Buffalo, N.Y.: Prometheus Books, 1975）, Michael Gilbert, *How to Win an Argument*（New York: McGraw-Hill, 1980）, R. H. Johnson and A. J. Blair, *Logical Self-Defense*（New York: McGraw-Hill, 1950）, K. W. Fearnside and W. B. Holther, *Fallacy: The Counterfeit of Argument*（Englewood Cliffs, N.J.: Prentice-Hall, 1959）. これらはすべて、誤謬について、人を欺くトリックと見なしている。普通の人が最善を尽くそうとして犯した正直なミスはどうなるのだろうか？　少なくともアリストテレスは『詭弁論駁論（*Sophistical Refutation*）』の中で、意図的な詭弁について議論している。

＊5　原著は *La nouvelle rhetorique : traite de l'argumentation*（Paris, 1958）.

＊6　*op. cit.*

＊7　*ibid.*, p. 3.

＊8　*ibid.*

＊9　この点については本書第2章で長く議論している。

＊10　もちろん、これは、形式的な演繹的科学を横断して、経験科学的な探究の分野にまで切り込むことを除外する。

＊11　*Fallacies* (London: Methuen, 1970).

＊12　'On fallacies', *Journal of Critical Analysis*, vol. 4, no. 3 (October, 1971), pp. 103–12.

＊13　'The recent development of informal logic', p. 11.

＊14　*ibid.*, p. 13.

＊15　*ibid.*

＊16　Published in London in 1970.

＊17　ハンブリンの『誤謬（*Fallacies*）』に対する興味深い批判については、次を参照のこと。John Woods and Douglas Walton, 'On fallacies'.

＊18　*Fallacies*, pp. 72–7.

＊19　*ibid.*, pp. 242–5.

＊20　*ibid.*, pp. 283–4.

＊21　'The recent development of informal logic', p. 34.

＊22　See Works, vol. 2: Against the Logicians.

＊23　次の言明の三つすべてはハンブリンの『誤謬』p. 13から引用した。

＊24　In *Formal Logic* (London: Taylor and Walton, 1847), p. 276.

＊25　In *An Introduction to Logic* (Oxford: Clarendon Press, 1916), p. 569.

＊26　In *Introduction to Logic and Scientific Method* (London: Harcourt, Brace and World, 1934), p. 382.

＊27　*Reasoning*, p. xvi.
＊28　'The recent development of informal logic', p. 14.
＊29　*ibid.*, p. 13.
＊30　*ibid.*, pp. 13–4.
＊31　*ibid.*, pp. 16–7.
＊32　*ibid.*, p. 30.
＊33　ケンブリッジ大学で一九五八年に出版された。
＊34　'The recent development of informal logic', p. 29. この問題については、付録（p. 53）に長いリストが存在している。
＊35　*Reasoning*, p. 156.
＊36　*ibid.*, p. 39.
＊37　*ibid.*, p. 7.
＊38　異なる分野領域に依存する論証は、それぞれに適切な評価の基準を生み出すというこの指摘は、スティーブン・トゥールミンの『論証の用法』のテーゼを構成している。
＊39　スクリヴェンの生徒たちに対する警告（『推論（*Reasoning*）』p. 40）は、「ある論証（あるいは言葉、その他の表現）の意味は、論者が意図したものではなく、その人が言ったことにある」というものだが、この助言は、言葉や表現が、話し手の意図や特殊な文脈とは無関係に一つの意味しかもたないことを前提としているため、この困難を回避することはできない。しかし、ウィトゲンシュタイン（『哲学探究（*Philosophical Investigations*）』所収）とI・A・リチャーズ（『意味の意味（*The Meaning of Meaning*）』NY: Harcourt,

Brace, 1956）は、著書の中で、そうではないことを示している。

＊40　*Reasoning*, p. 40.

＊41　*ibid.*, p. 41. 強調部分は筆者によるもの。

＊42　*ibid.*, p. 41.

＊43　*ibid.*, p. 173.

＊44　また、「最小限の前提」を立てるという戦略は、合理的な前提が一つしかないという幻想を助長するので、ここでは特に役に立たない。また、スクリヴェンはここで前提という概念と仮定という概念を混同している可能性もあるが、これらの概念は互いに論理的に異なるものである。

＊45　スクリヴェンが『推論』pp. 169–73で示した分析は、その好例である。

第5章　エドワード・デ・ボノと思考

すべての授業は思考の授業である。[*1]

一九七三年、エドワード・デ・ボノは、「二百五十から三百の小学校、村立学校、中等近代学校、総合学校、公立学校、グラマー・スクール、および進学カレッジ（約二十万人の生徒を代表する）が、『思考（thinking）』をそれ自体の科目として扱うことになる」[*2]と発表した。現在、彼の数多くのワークショップへの多数の参加者と、彼の授業用教材の広範な使用は、学校界における彼の人気が高まり続けていることを示している。これはおそらく、北米よりもイギリスでより顕著であろう。とはいえ、デ・ボノの人気は大西洋の両岸で大きなものがある。彼の著書『ジュニアのための思考講座（*Thinking Course for Juniors*）』『思考の五日間コース（*The Five-Day Course in Thinking*）』『子どもたちは問題を解決する（*Children Solve Problems*）』『CoRT思考レッスン（*CoRT Thinking Lessons and Teaching Thinking*）』『思考を教える（*Teaching Thinking*）』[*3]などのタイトルそのものが、すべての教師の悩みを解決する完璧な解決策を提供しているように思える。この約束と、彼の使いやすい教師用「ワークブック」が、これらの教材が草の根的に広く普及した理由であることは間違いない。したがって、デ・ボノの研究が、批判的思考の育成に関心のあるプロの教育哲学者やその他の人々から期待されるような精査をこれまで受けてこなかったことは驚くべきことである。

デ・ボノの思考に関する仕事には数多くの著書や論文があるが、彼の思考教育改善計画の背景には、

CoRT（コグニティブ・リサーチ・トラスト）の思考教材と水平的思考（lateral thinking）の二つの戦略しかない。

デ・ボノの著作の中には、知識に対する伝統的な学問的アプローチや学問一般に反対するさまざまな極論が含まれている。デ・ボノは、学問とは一般的に「言葉の流れに追いつくための思考を見つけるのに苦労する」ものだと述べている。[*4] しかし、デ・ボノをさらに学究的な破天荒者にしているのは、彼の著作には彼の主張を裏づけるような脚注や参考文献がまったくなく、一般的に索引もないことである。これは、彼の主張が明らかに経験的なものであり、彼の主張がそれに基づいている場合には特に深刻である。[*5] この事実だけで、伝統的な研究者たちが彼の著作をあまり真剣に取り上げなかった理由が説明できるかもしれない。

それにもかかわらず、デ・ボノの思想には、彼がアカデミズムを拒絶し、アカデミズムから距離をとろうとすることの、より深刻な側面がある。それは、彼が「教育における言葉の伝統」と呼ぶものに対する拒絶である。デ・ボノは「教育における言葉の伝統」がトマス・アクィナスから始まり、最近ではウィトゲンシュタインによって典型化されたと主張している。彼は、「言葉の伝統」（つまり、言語による思考）が、独自の思考よりも討論のスキルを重視することによって、私たちの生産的思考能力を汚染してきたと主張する。言葉や概念の意味に対する中世の偏愛は、私たちの思考概念を「意味論的一貫性（semantic coherence）」へと貶めてきたというのである。

私たちの学術的な諸機関は、おそらく教会当局によって設立されたため、意味論的思考をあまりにも尊重しすぎている。この意味論的思考の尊重には、より実際的な理由もある。言葉が何を記述しているかではなく、言葉に思考を向ける人は、常に自分は状況をコントロールできている、と感じている。彼が手に入れたいと思うデータはこれ以上ここにはないのであり、彼のデータが間違っていたり、不十分であることを示したりすることはできない。だから、学問の塔に鎮座する学者は、完全なデータを得ることは不可能である現実世界の曖昧さを調べるためにわざわざ降りてくる必要はない。その代わりに彼は、言葉が不完全に伝える思考よりも、論証の意味論的一貫性、言葉そのものを吟味する。このことは結果として、屁理屈をこねること、些細なことに拘ること、修道女の編み物、そしてその結果生じる形而上学的な頭の体操へと導かれることになる。[*6]

学者たちは、デ・ボノと同様に、思考を表現するために言葉を使おうとすること、そしてデ・ボノ自身の言葉が（「意味論的一貫性」に対抗して）特別に「本当の思考」と記されているわけではないという事実については脇に置いておいたとしても、ここには興味深いテーゼがある。それは、学問の主軸である命題的知識は、人間の知識として欠陥があるとまでは言わないまでも、制限された形式であり、命題的でない別の種類の知識が命題的知識に取って代わるべきだというものである。このような見解は、学問や学習に対する私たちの通常のアプローチにとって、脅威とまでは言わないまでも、明確な挑戦となる。残念ながら、デ・ボノはこのような視点をこれ以上展開させることも、主張することもない。このテーぜと一致する彼の作品の特徴は、彼のテキスト、ワークショップ、学習教材が（言語的なものでなく）極めて視覚的な形式をとっていることにある。彼は繰り返し、思考を表現する上でも、問題を解決する上でも、絵画や視覚的表現がより自然なメディアであると主張している。実際、教師向けのワークショップのデモンストレーションは、そのほとんどが素早く描かれた絵や図で構成されており、そのうちのいくつかは、下に簡単なコメントが付されている。[*7] おそらく、これらの教材は、伝統的な言葉による（つまり学問的な）学習が創造性や明晰な思考を阻害するのに対して、絵や視覚的な学習はそれらを促進することを証明するための事例として立つものなのだろう。

少なくとも表面的には、工学、建築学、機械学、デザイン、そしておそらく芸術といった分野では、デ・ボノは正しいかもしれない。しかし、それ以外の生々しい分野では、間違いなく間違っている。いずれにせよ、このようなありふれた日常の観察が、デ・ボノが暗示するような新しい認識論や知識の形態のようなものを支持することはないだろう。そして、デ・ボノは自分の見解の最強の解釈を明確にすることも擁護することもしないので、外国語は言うに及ばず、文学、歴史、数学、倫理学、政治学の「視覚性」について疑問を投げかける以上の批判はできないだろう。百聞は一見に如かずというが、千枚の写真で一つの主張ができるわけではない。しかし、デ・ボノは言うかもしれない。「これはただの言葉だ」と！

心のメカニズム

カリキュラムの提案を正当化するために、デ・ボノは著書『心のメカニズム（*The Mechanism of Mind*）』[*8]の中で、脳とそのさまざまな思考プロセスに関するテーゼを提唱している。しかし、提示された理論は、デ・ボノの他の場所での記述とはほとんど似ていない。例えば、『思考を教える』の中で、彼は『心のメカニズム』の内容を「自己組織化情報システムとしての脳の実際のメカニズムの説明」を提供するものだと説明している。[*9]そして教師たちは、この「脳の働きに関する記述」が、「思考」に関する彼の処方箋とプログラムの基礎を形成していると言われている。しかし、『心のメカニズム』の最初の四章は、脳の「実際の仕組み」はわかっておらず、とにかく「実際の仕組み」を知ることは特に重要でもないし、と巧みに説明することに費やされている。この後者の指摘は正しいかもしれないが、それにもかかわらず、教師に対する思考プログラムの正当化は、この本のタイトルそのものと同じくらい誤解を招くものである。彼が提示するのは、脳の仕組みの説明というよりはむしろ、脳の働きをどのように考えるかについての、いくつかの相反するモデルやメタファーなのである。実際、彼の本は『心のメタファー』というタイトルの方が正確だっただろう。というのも、デ・ボノが認めているように、「この本では、脳システムの機能は言葉で説明されているのではなく、作業モデルで説明されている」からである。[*10]

（本書の）前半の終わりで、このメカニズムは文字が書かれた大きな紙にたとえられるかもしれない。紙は暗闇の中にあり、その表面を懐中電灯の光のような小さな光が横切っていく（……）。

第2部は、脳がどのように考えるか、人がどのように考えるかを直接的に扱っている。第2部は、花が茎から生じるように、第1部から生じる。茎の目的は花を実らせることである。茎がなければ、造花しか生き残れない。[*11]

しかし、残念なことに、私たちは「脳がどのように考え、人がどのように考えるか」を示される代わりに、脳に対する数々の比喩という形で、花と同じようにいくつもの人工的な茎を与えられている。私たちは脳の働きをあらゆるものにたとえるよう求められる。

何本ものピンが、しっかりと直立できるようにホワイトボードに突き刺さっている。ピンの頭の上には、ボード全体を覆う薄いポリシートが敷かれている。これが記憶面である。この記憶面への入力は、上からポリシートに噴射される色水滴で構成される[*12]（……）。

このモデルは受動的記憶を説明するために導入された。しかし、情報とアイデアの相互作用の現象を説明する必要性を認識したデ・ボノは、「特別な記憶面」と呼ばれる別の架空の存在を構築する。

ある表面に置かれたパターンが、次にその表面に置かれるパターンに影響を与える永久的な痕跡を残すというモデルが必要なのである。このようにして、表面の輪郭は、表面に起こったすべてのことの彫刻された記録となる。*13

これを提供するために、デ・ボノはさらにこう提案する。

浅い皿に盛った普通のテーブルゼリーが、まさにそのモデルになる。ゼリーの平らな表面は処女の記憶表面である。入ってくるパターンは、お湯をスプーンですくって表面のさまざまな場所にかけたものである。*14

別のところでは、アイデアや記憶の「流れ」を説明するために、脳を、何千もの電球で動く言葉を印刷する広告ディスプレイの一つ（彼の「千の電球モデル」）と考えるよう求められる。そして、他の脳の機能や思考様式を説明するために、さらなるメタファーが導入される。

「脳の実際のメカニズムの記述」*15が一連のメタファーに還元されることを学ぶことから生じる失望はさておき、デ・ボノのモデルやメタファーには、より深刻な批判が二つある。一つ目は、デ・ボノが自分のモデルの真実性や妥当性について暗黙の推論をしていることである。彼はこう主張する。

> アイデア（つまりモデル）の妥当性は、それが生まれる方法によって証明されるのではない。いったんそれが生まれたら、それ自体が妥当であることを証明するものである（……）。
> 　説明されている情報処理システムが脳で作動しているものであることを証明する正式な試みはなされていないが、そうである可能性を示唆する証拠はある。システムの実際の詳細は異なるかもしれないが、システムの大まかな分類はおそらく同じであろう。[*16]

この暗黙の議論は、次のように言い換えることができる。

前提：もしこれらの脳機能モデルが正しければ、思考、記憶、忘却を特定の方法で説明することができる。
前提：私たちは思考、記憶、忘却をこれらの方法で説明できる。
結論：したがって、これらのモデルは（おそらく？）正しい。

しかし、この推論は形式的には無効である。技術的には、これは結果肯定（つまり、P⊃Q, Q∴P）の誤謬の一例である。私たちの思考を説明できるような脳のモデルをn個構築することは可能だが、私たちの思考は、特定のモデルが正しいと信じる根拠にはならない。そして、デ・ボノが生理学的証拠やその他の裏づけとなる証拠を何一つ提示していないことを考えると、私たちには単なるモデルが残され、それを信じる根拠は何もないのである。

デ・ボノの論文に対する二つ目の大きな批判は、彼の脳モデルと、CoRT、水平的思考、POといった装置を通じて思考を改善するための処方箋との間にある疑わしい結びつきについてである。[*17] もしデ・ボノが主張するように、脳が「機械的なユニット」で構成され、『心のメカニズム』が「脳の実際のメカニズムについての記述」を提供するために書かれたのだとしたら、私たちの意図的で自発的な選択が、このメカニズムにどのような深刻な影響を与えることができるのだろうかと私たちは疑問に思うことになる。デ・ボノが言うように、「本書では、脳は機械的ユニットの機械的挙動として記述されている」。[*18] デ・ボノは、彼の機能モデルの根底には、その特異な機能を決定する生理学的現実があることを認めている。これは次のような重大な問題を提起する――水平的思考、PO、その他あらゆるものが、デ・ボノのモデルによって規定されたものとは機械的に異なるやり方で脳を働かせることができるのだろうか？ どんなデカルトの松果腺なら、私たちの意志的熟慮が基本的な「機械ユニットの機械的挙動」を変えることを可能にするのだろうか？ デ・ボノのCoRT教材、水平的思考、POの処方箋は、事実上、デ・ボノのモデルが言う脳の働き方とは生理学的に異なる方法で脳を働かせようとしている。これは、デ・ボノの教育的処方箋の本質的な利点や有用性を否定するものではなく、彼の心のモデルが彼の処方箋と相反するものであり、その土台として機能しえないことを指摘したいだけなのである。

思考

思考がデ・ボノの多くの著書や教育提言の存在理由である以上、彼の仕事からは思考とは何かについてかなり明確な考えが浮かび上がると予想される。しかし、デ・ボノの著作には、思考に関するさまざまな定義や説明が散りばめられている。

- 脳で起こることは情報であり、その方法が思考である。*[19]
- 思考とは、D線の経路に沿った注意の流れである。*[20]
- 思考は知覚を拡大する装置である。*[21]
- 本書では、思考を、経験を探求し、理解し、拡大するために経験に向ける一種の内的視覚と見なす。*[22]
- 思考とは、ある目的のために経験を意図的に探求することである。*[23]
- 思考とは、知性が経験に働きかけるための操作スキルである。*[24]
- 私は思考を「目的を達成するためにアイデアからアイデアへと移動すること」と定義したい。*[25]

示唆的ではあるが、これらの定義は正確さに欠ける。一つには、デ・ボノが主張するように、思考がスキルであるとするならば、これらの曖昧な記述を単独で、あるいは集合的に捉えた場合、私たちの心的プロセスの他の部分とどのように適切に区別することができるのかがまったく明確でないからである。おそらく、このことを暗黙のうちに認識しているからこそ、デ・ボノは私たちに注意を促したのだろう。先入観をもたず、思考という無形な主題を、この本を読み進めるうちに、明確で使用可能なものへと昇華させるのが最善である。[*26]

しかし、この注意は単にデ・ボノ自身の定義を事実上覆すだけでなく、デ・ボノがした次のような主張について、彼が正しいと証明しているのかどうかを判断することを事実上不可能にしている。

本書は、思考というテーマそのものに対する特定のアプローチと、思考を教えるための実践的なアプローチについて書かれたものである。[*27]

スキルとは何なのかが明確でないときに、思考をうまく教えることができたかどうかをどうやって判断できるのだろうか？ デ・ボノが思考を教えるということについて曖昧にしている（そして明らかに二枚舌である）原因は二つある。第一に、デ・ボノは思考とは一般化されたスキルであると仮定している。第二に、デ・ボノは実際には個別の、あるいは特定のタイプの思考を奨励しており、それは多くの人々、そして確実に教育者が通常意味する思考とはかなり異なっている。

思考が一般化されたスキルであると仮定していることは、次のような記述に表れている。

その目的は、思考者がそのスキルを最も効果的な方法で使用できるように、「切り離された」思考スキルを生み出すことである。*28

そして、この一般的なスキルもまた、直接教えることができると考えられていることは、デ・ボノの教材の宣伝の仕方に現れている。

子どもたちは、他の教科の学習の副産物としてではなく、特別な「考える」クラスで直接、意図的に思考を教えられるのだろうか？　もしできるとしたら、それは学校でも外の世界でも、本当に子どもたちのためになるのだろうか？　本書は、この二つの問いに明確な「イエス」という答えを与えている。*29

しかし、デ・ボノは、思考は一般化された教えやすいスキルであるという彼の見解と、思考の適切な定義を提示できなかったこととの論理的な繋がりを認識していないようだ。彼が思考の定義を一つに決めようとしないのは、思考にはさまざまなタイプがあることを暗黙のうちに認めているからである。多種多様な思考スキルの存在が、正確で単一的な定義を拒むことになり、そして思考が一般化されたスキルではないことを示唆していることに彼が気づいていないのは残念である。思考にはあまりにも多くの種類があり、多様なスキルに現れているため、私たちはそれぞれの達成のために単一の一般化された能力を推論することはできないのである。砂の城を作るのが上手な人が、数学的モデルからユートピア社会まで、あらゆるものを作るのが上手だとは限らないのと同じように、ある分野で優れた思考力をもつ人が、あらゆる分野に通用する一般化されたスキルをもっているわけではないのである。

私が先に述べた議論（本書第1章を参照）は、批判的思考が一般化されたスキルでもないこと、そして批判的思考を一般化されたスキルとして教えることは意味がないことを示すためのものであった。もし「批判的思考」という限定された用語が一般化されたスキルを合理的に指し示すことができないというのであれば、「思考」という広い用語も、ほとんど一般化されたスキルを合理的に指し示すことなどできない。

思考を教えることに関するデ・ボノの曖昧さの第二の原因は、（彼が念頭に置いている）個別の型の思考と思考すること一般とを混同していることにある。例えば、『思考を教える』では、彼は「無条件に」思考を教えるための一般的な方法を約束している。

本書は、実践的かつ個人的な方法で、思考法を教えることを意図している。本書は哲学的な思索ではないのであり、それはスキルとしての思考を直接教えるための、世界でも最大規模のプログラムと、それとは別に、やや要求の厳しい生徒たちに思考を教えた多くの経験とに基づいている。そして何よりも、私はこの本が、思考をスキルとして直接教えたいと考えている教師たちの役に立つことを願っている。*30

しかし、『思考を教える』（そしてデ・ボノの他の著書も同様）に書かれているのは、思考を教えるための方法ではなく、むしろ、心理学者が「発散的思考」や「生成的思考」と呼ぶような、異なる仮説やユニークな仮説を生み出す方法についての提案である。これは、しばしば創造性と関係づけられる思考の形体であり、デ・ボノもこの言葉をしばしば創造性と同じ意味で使っている。しかし、この特定のタイプの思考はしばしば有用であり、時には重要であるにもかかわらず、私たちが思考と呼ぶ多様で多形的な現象を捉えるにはほど遠い。さらに重要なことは、教師が通常（そして適切な意味で）自分たちが関わっていると考えるタイプの思考からは、さらにかけ離れているということである。読解の教師は、生徒が別のアルファベットを考案する能力に関心をもつことはないし、歴史の教師は、ワーテルローの戦いの別の名前を考案する能力に関心をもつことはない。ここでのポイントは、「発散的思考」や「創造性」を教えることの相対的なメリットを論じることではなく、デ・ボノがそれを、すなわち一般化された「一つのスキルとしての思考を直接的に教えること*31」のようなものではない何かとしていながらも、あたかも自分の指示に従うことで人は普遍的な思考のコンピテンス（universal thinking competence）を身につけることができるかのように宣伝していることに注目することである。これは、デ・ボノのレッスンや練習ドリルが思考を必要としないと言っているのではなく（ビンゴや皿洗いも思考を必要とする）、彼の教材がパッケージに宣伝されているようなスキルを提供するには程遠いことを示唆しているのである。

CoRT思考レッスン

デ・ボノは、思考を教えるための具体的な提案をする際に、まず生徒に考えさせるために使われてきた伝統的な方法のいくつかを批判している。CoRT教材に直接目を向ける前に、特に論理学（とその教授法）に対する彼の批判を検討することが重要である。

論理学が論理を教える良い方法であることは認めなければならない。また、論理学の教育における発展のほとんどは、思考ツールとしての論理の実用性を考慮したものではなく、論理学そのものから生じた内部的な発展であることも認めなければならない。本書のさまざまな場面で論じられてきたように、論理（ロジック）は思考の一部に過ぎない。演繹法の直接的な使用は、通常の思考のごく一部でしかない。教育において演繹的な過程が重視されるのは、人工的な問題がよく使われるからである。そのような問題では、すべての情報が与えられ、いくつかの基本原理を適用することができる。実際の生活では、情報が完全であることは非常にまれであり、基本原理がまったくない場合もある。論理学の主な欠点は出発点にある。どこから始めるのか？（……）

論理学のルールは重要であるが、残念ながら、その主題の完成度は、思考を教える実践的な方法としての有用性を保証するものではない。[*32]

そして彼は別の場所で、それがいかに不幸なことであるかを正しく指摘している。

思考を一つのスキルとして教えようとすると、「論理（ロジック）」という概念があまりにも長い間定着してきており、人は即座にそれについて論理を教えようとすることだと考えてしまうことに気づく。（……）場合によっては（……）論理という用語は拡大されて、思考に関係していて正しく有用なものなら何でも含むまでになっている。これは危険な状況である。というのも、「論理（ロジック）」という用語の意味は、思考のすべてを包含するようになったが、実際のプロセスは形式論理のルールに限定されたままだからである。このような極端な「捉え方」は、長い間確立されてきた他の多くの概念にも見られる。[*33]

デ・ボノの著作には、論理（ロジック）に対する同様の批判がいくつも登場するが、それらをまとめると次のようになる。

1. 論理（ロジック）はしばしば、効果的な思考と同義であると誤って考えられている。
2. 形式論理学では、すべての関連情報が最初に与えられる必要があるとされるが、現実の問題のほとんどはそのようなものではない。

3．論理（ロジック）は新しいアイデアを導入したり、選択肢を提示したり、新しい状況に対処したりすることはできない。

基本的に、私はデ・ボノの指摘しているこの三点がすべてにおいて正しいと考えている。しかし、これらの欠陥に対する彼の解決策、つまりCoRT思考教材には重大な欠点がある。

デ・ボノの思考プログラム「CoRT思考」の名前は、「コグニティブ・リサーチ・トラストの頭文字に由来する」[*34]。CoRTの完全なコースは九歳から十六歳の子どもたちを対象としており、一連の主題／教科にとらわれない「操作」、つまり練習問題で構成されており、生徒はこれらを通じて、思考を必要とするあらゆる問題に応用できる「道具」を開発することになっている。ここでの新たな焦点は、これらの操作が、論理やその他の従来の戦略を用いることができる「処理」段階とは対照的に、デ・ボノが思考の「知覚」段階と呼ぶ段階での思考を向上させるように設計されていることである。人が問題をどのように認識するかは、問題がはっきり見えてからそれをどのように解決するかということと同じくらい重要である。このような問題解決のさまざまな段階は、それぞれ他の研究者[*35]によって「発見の文脈」と「正当化の文脈」と呼ばれている。デ・ボノは適切にも、論理学が著しく欠落している問題解決の領域、すなわち「発見の文脈」に正確に注意を向けているのである。

実践的な思考のほとんどは、処理段階ではなく、知覚の状態で行われる。人は物事を見た通りに反応し、その見方によって反応の性質が決まる。つまり、生徒たちが状況をより明確に見ることができるようにするならば、その生徒たちの反応はより適切なものになるということなのだ。*36

デ・ボノの練習問題、すなわち「操作」は、生徒が答えや解決策を思いつく前に、問題を見ることを教える、いわゆる「眼鏡」を構成している。「操作」は、生徒が解決策を「処理」する前に、もっともらしいアイデアや仮説を生み出すための戦略を提供することを意図している。操作はとてもシンプルで簡単なので、そのうちのいくつかを説明するだけでよいだろう。最初の

CoRTの「操作」はPMI（Plus, Minus and Interest：プラス・マイナス・興味）と呼ばれる。生徒はまず教師から人工的な問題を与えられる。例えば、「すべての自動車は黄色に塗られるべきである」という命題を考えてみよう。生徒は、小グループまたは個人で、その提案の「プラス」要因を五分、「マイナス」要因を五分、そして提案に関する「興味深い」点を数分考えるように指示される。教師にとって、この授業のポイントは、生徒にPMIを思考手順として理解させ、実践させることである。生徒の答えはこの練習の重要な部分ではなく、重要なポイントはPMIの思考「操作」である。その目的は、このPMIの思考手順を子どもたちの頭の中で十分に結晶化させ、他の問題解決や思考の場面に移せるようにすることである。

CoRT思考のもう一つの「操作」はCAF（Consider All Factors：すべての要因を考える）である。ここ

でも、生徒には問題や命題が与えられ、その問題に関連する可能性のある要因をできるだけ多く作り出すよう求められる。練習を重ねるうちに、生徒たちは訓練前よりも徐々に長い要因リストを作成できるようになる。生徒の考察の幅を広げることに重点が置かれており、正解や不正解にたどり着くことに重点は置かれていない。デ・ボノは、ＣＡＦのレッスンは、事実上どんな問題にも転用可能な一般化されたスキルを開発すると考えている。

ＦＩＰ（First Important Priorities：最優先事項）は、ＣｏＲＴ思考コースの十数種類の「操作」の一つである。

ＦＩＰの操作は、意思決定や計画立案のような場面で重要である。ＦＩＰの操作は、意思決定や計画立案などの場面で重要である。これらの場面では、ある事柄と別の事柄のバランスを取る必要があり、そのためにはそれぞれの事柄の重要度や優先順位を決めなければならない。例えば、仕事を選ぶ際には、ある仕事が提供する給料とその仕事の楽しさとのバランスを取らなければならないかもしれない。（……）このレッスンでは、どの事柄が重要かを決めることに重点を置いている。[*37]

この場合の教師への指示は、次のような一連の質問をセットドリル、あるいは「思考操作」として生徒に内面化させることである。

ここで重要なことは何か？
優先順位は何か？（前回と同様、優先順位という単語は避けるのではなく、できるだけ導入すべきである）
どれが一番重要か？
どのことが最も重要か？*38

繰り返しになるが、デ・ボノによれば、FIPは「操作」であり、意思決定や計画を出さなければならない事実上あらゆる思考状況に適用できるものである。

このように、CoRTの思考「操作」はすべて、思考の内容よりもむしろプロセスを重視するように設計されている。デ・ボノによれば、成功した生徒は、ほとんどすべての実際的な問題で、これらの結晶化したスキルを使うことができるはずである。デ・ボノはまた、これらの「操作」を「注意の指示役（attention-director）」と呼んでいる。つまり、いったん生徒がこれらの「操作」をマスターすれば、問題を実りある形で考えたり「認識」したりすることができる多くの方法に注意を集中させる役割を果たすということである。デ・ボノはCoRTの思考「操作」の長所についていくつもの主張をしているが、基本的には以下の三つに集約される。

1．これらのスキルは「一般化された思考スキル」のセットを構成し、内容から独立しており、内容に関係なく事実上すべての問題領域に転移可能である。

2. これらのスキルは、生徒が（例えば発見の文脈で）問題をより明確に「認識」できるようにする一連の「中立的な眼鏡」にたとえることができる。

3. 予備知識や情報を前提としないため、ほぼすべての人がこれらの操作を学ぶことができる。

デ・ボノが言うように、「CoRTの思考レッスンでは、使用されることになる情報源はすでに生徒の頭の中にあるものだけなので、生徒は一度に活動することができる」[*39]。このプログラムの最後の特徴は、CoRTの主要な問題のカギをいくらかだが握っているため、注意が必要である。

デ・ボノは、CoRTの教師候補への訓示の中で、数学、理科、歴史、文学といったおなじみの教育に関連するような教科の内容が、いかに邪魔になり、思考の発達を実際に妨げているかを苦心して指摘している。デ・ボノは、生徒に思考のプロセスを意識させたいのであれば、それは「内容や情報から切り離して」教えなければならないと主張する。

「もし人が何かについて考えているのなら、その人はきっと考える方法を学んでいるのだ」。残念ながら、これは真実ではない。地理の教師は、地理を学ぶことで生徒は考えることを余儀なくされると主張するだろう。歴史の教師も理科の教師も同じことを主張するだろう。どれも正しい。問題は、何かについて考えることで、思考における何か転移可能なスキルが身につくかどうかである。「内容」教科では、その教科の勢いに押され、実際のプロセスにはほとんど注意が払われないのが普通である。「それについて考えなさい」や「これらのことが何を意味するのかを考えなさい」という励ましは、単に生徒が自分の知識をより深く掘り下げて正しい答えを見つけるように求めるだけである。内容教科では、内容よりも先に考えることはできないのである。なぜなら、あなたの推測は常に実際の事実より劣ったものであるに違いないからだ。後知恵のあれこれを除けば、ここで考える余地は比較的少ない。すなわち、「今なら、これが生じたのはあれやこれのせいであるとわかる（……）」という話である。これは教師の責任ではない。悪いのは内容教科の性質なのだ。*40

デ・ボノがここで言う「内容よりも先に考える」能力とは何を意味するのか、また、そうしたことができるのであればそうすることが望ましいのかどうかは定かではないが、彼が伝統的な「内容教科」を、考える能力を開発するための劣った道具と見なしていることは明らかである。その主な論拠は、教科を介した思考はスキルの移転に繋がらないというもので、CoRTはその存在意義をここに見出している。

特定の状況で思考を使うことで、こうした状況における思考スキルは身につくが、それは思考における転移可能なスキルではない。スキルは状況中心ではなく、人間中心でなければならない。ジレンマは、通常、状況中心のスキルしか教えることができないということである。ある状況下で、ある行動をとるように訓練するのだ。このジレンマから抜け出すには、状況そのものを転移可能なものにすることだ。私たちはそのような状況を道具と呼んでいる。人はこうした道具的な状況で訓練を受ける。彼はこの道具に対処する方法を学ぶ。こうして、この道具とその道具の使い方のスキルは、新しい状況にも転移できるようになる。*41

CoRTを教える際の考え方は、人為的な状況や問題を作り出すことによって内容から離れ、「操作」が転移可能な道具となるようにすることである。デ・ボノが「すべての自動車は黄色に塗られるべきである」というような仮説的な事例や架空の事例、そして「内容」の前提条件がもしあったとしてもほとんどない、何百もの類似した問題を常に使うのはこのためである。

教科内容を取り除き、人為的な問題を作り出すというデ・ボノの処方箋が、彼自身が的確に批判してきた形式論理学の特徴にまさに近似しているのは、皮肉なことである。論理学の悪弊は、CoRTの美徳であることが判明したのだ。形式論理学の問題点を彼は次のように説明している。

（形式論理学の問題点は）演繹法的なプロセスが通常の思考に占める割合が極めて小さいことである。教育で論理学が重視されるのは、人工的な問題がよく使われるからである。このような問題では、すべての情報が与えられ、いくつかの基本原理を適用することができる。*42

形式論理学との唯一の違いは、CoRTは事実上、その原則（つまりその「操作」）がいつ適切に適用されているかを見分けるための何の尺度も情報も提供していない点にある。デ・ボノは、教師はあらゆる反応を奨励すべきであり、決して「それは間違っている」と言ってはならないと断固として主張している。少なくとも論理学には、これについての明確な尺度がある。

おそらくCoRTの最大の強みとされているスキルの転移に関しては、CoRTの「操作」の使用で達成されたスキルが、CoRTのレッスンでの問題とは異なる他のタイプの問題に転移されるという証拠は何もない。デ・ボノがCoRTの訓練を受けた生徒と「訓練を受けていないグループ」とを比較するために実施したテストに関する好意的な報告には、注意するべき三つの重要なポイントがある。第一に、設定された問題はすべてCoRTタイプであったため、彼の結果は驚くようなものではなかったこと、第二に、どの問題も間違った答えが出るようなものではなかったこと、第三に、回答の質は決して数値化されず、回答の量だけが記録されたことである。CoRTプログラム全体について根本的なことを明らかにしていることから、デ・ボノの採点方法に関する最後の二つのポイントは重要である。

CoRTの演習や「作戦」のすべてにおいて、「真実」は決して問題にされることがない。すなわち、ここにおいて重視されるのは、回答の数や、多少なりとももっともらしい提案のリストであるようなのだ。一般に、CoRTプログラムは、学術的な研究においても、日常生活においても、真理を追求する作業を微妙に信用しないようにしている。生活のほとんどの場面でも、そして確かに学問の場面でも、その人の考え方の妥当性は、その人が出せる提案の数よりもはるかに重要である。CoRTでは、例題に知識や情報は必要なく、またそれが実際に正しいか間違っているかは関係ない。いわゆる「思考スキル」を提唱するデ・ボノは、「単なる知識や情報」に重きを置く学校を非難している。彼は、子どもはともかく、大人たちに「単なる知識や情報」を伝えることの難しさを最小限に抑えようとしているようだ。「選挙区からの政治的圧力で大臣が辞任した」とか、「重力が潮の満ち引きの変化を引き起こす」といった「単なる」事実や情報の断片を伝えるのに、有能な教師なら何週間もかかるかもしれない。それは並大抵のことではない。さらに、そのような理解に必要な思考の型は、教師や学校が自分たちの責任と考えるべきものである。

デ・ボノと伝統的な学校教科の擁護者との間には、根本的な意見の相違がある。デ・ボノが「内容教科」が重要な思考を妨げていると考えるのに対し、(私を含む)他の人々は、学問規範(ディシプリン)が実際的な思考の構成要素であると主張する。この問題をどのように判断するにしても、カリキュラムの哲学全体が問題であることを認識することが重要である。例えば、こうである。

もし子どもたちがこの年齢ですでにこれほどよく考えることができるのなら、長い年月をかけた教育によって、その能力は高いレベルにまで伸びなければならない。だが実際にはそうではない。教育が終わっても、子どもたちの思考力に向上は見られない――むしろ悪化しているのである。この意見は、高等教育の恩恵を受けた数千人を対象とした実験に基づいている。この問題を考察した他の人々も、この意見を共有しているようである。なぜ教育が思考力にこのような影響を及ぼすのだろうか？[*43]

その一方で、多くの人々は、何の根拠もなく、伝統的な学問的思考様式が長期的には最も価値のあるものだと信じている。学問の伝統は、そうした彼らの欠点のすべてに向けて、世界について考え、学び、見るための非常に強力な方法を示している。デ・ボノがほのめかしていたように、それらは単なる「情報」や「内容」の停滞した集合体ではない。それらもまた「思考方法」なのである。しかし、デ・ボノは、学問的思考は内容に縛られているため、そう縛られていないCoRT思考よりも本質的に劣っていると考えている。加えて、私たちは「内容が重要な思考を阻害し、その結果子どもたちの思考が劣化している」と考えるように導かれることになる。

既存の学校カリキュラムの抜本的な見直しを提案することは、たとえそれが長年の知的伝統の否定を伴うものであったとしても、何ら問題はない。しかし、デ・ボノの提案は教師に対して直接このような形で提示されているわけではないし、デ・ボノ自身がそのような意味合いを理解しているわけでもない。デ・ボノがこの葛藤に気づいているかどうかは別として、私はこの葛藤の起源は二つあると考えている。第一に、学校の教科に斬新さと独創性を注入しようとする彼の試み、第二に、「一般化された思考スキル」、つまり内容に依存しないスキルの存在に対する彼の信念である。しかし、目新しさや独創性の代償として、私たちが「学問を通じて理解する」ようになった知識や真理の探求は、それに比例して重視されなくなる。新規性や独創性には、何らかの生産的な結果をもたらさない限り、本質的な価値はない。極端に言えば、それ自体のための新規性はカオスである。デ・ボノが想定しているような「一般化された思考スキル」に関しては、そのようなスキルという考え方そのものに支離滅裂なところがあることは、本書の前の章ですでに論じた通りである。その代わりに、さまざまな活動、主題／教科、課題と論理的に結びついたさまざまなタイプの思考スキルが存在するが、それらは一般化されていない。

また、新しい「眼鏡」を私たちに提供することで、私たちの認識を変えると誰かが約束するとき、それは知性の歴史ではお馴染みの主張であるが、私たちは、意図された変化が現状への単なる追加ではないことを認識すべきである。もし（私は「もし」と強調するが）、その変化が実際に約束されるものであるならば、現在評価されている何かをあきらめなければならない。CoRTに関して、デ・ボノはこう説明している。

基本的な方法は「眼鏡方式」と呼ぶことができる。つまり、生徒が状況をよりはっきりと見ることができるようにすれば、生徒の反応はより適切なものになるということである。眼鏡は中立的なものであり、CoRTのレッスンでは価値観を押しつけたり変えたりしようとはしない（ただし、よりよい「視力」の結果として価値観が変わることはある）。実際には、「眼鏡」を「注意を向けるための方法」と読むこともある。*44

しかし、効果的な「眼鏡」は認識論的に中立ではない。もし「眼鏡」が物事の「捉え方」に変化をもたらすのであれば、知識は異なる経験的基盤をもつことになる。ここでの問題は、デ・ボノが示唆するように、子どもたちの道徳的・政治的価値観の変化ではなく、むしろ教師の教育的価値観の変化、つまり教師が子どもの教育にとって最も価値があると見なすべき思考の種類の変化である。この問題は中立的なものではない。教師はすでに「注意を向ける方法」と「注意を向けるに値する知識の伝統」をもっている。これらは、デ・ボノの「中立的な眼鏡」が効果的に変えてしまう価値観である。

では、このような認識の変化が、わざわざ行うだけの価値があるかどうかを考えてみよう。CAFと呼ばれるCoRTの「操作」では、子どもたちは問題を与えられ、一人で、あるいはグループで、その問題に関わるすべての要因を列挙するよう求められる。しかし、どのような要因がリストに載るのだろうか？　要因とは何か？　デ・ボノはこう述べている。

要因とは何か、いつが要因でいつが要因でないかを正確に決める哲学的な試みはすべきではない。要因とは、単純に状況との関連で考えるべきものである。お望みであれば、それを「考慮事項」、あるいは「考慮しなければならない何か」と呼ぶこともできる。*45

これは質問への答えになっていないだけでなく、求められているのは「要因」の哲学的な定義ではない！　――その定義は興味深いものかもしれないが。端的に言えば、教師と生徒の両方が求めているのは、与えられた問題に対して何が関連すると考えられるかについてのガイダンスなのである。そして、CoRTはただシンプルに生徒の判断に任せるために譲歩するのに対して、伝統的な学問規範（ディシプリン）は、関連する考慮事項を幅広く提供してくれる。

実際、これこそが理科や歴史などの教科が貴重となる理由なのである。理科や歴史などの教科は、ある問題に対してどのようなことが関連し、どのようなことが関連しないか、つまり要因とは何かを人々に教えるのである。「内容教科（content subject）」は一つの問題から始める場所（place）ではないというデ・ボノの主張に反して、内容教科は少なくとももっともらしい仮説の範囲を限定するものだと私は主張したい。伝統的な「内容教科」も同様に「眼鏡」を提供するが、それは何千年にもわたる人類の経験によって培われたものである。そして有能な教師は、生徒がどのような要素が関連しているかを「知覚」できるように、そのような「眼鏡」を提供しようとする。

FIP（最優先事項）と呼ばれるCoRTの「操作」では、生徒はすでに述べたような問いに取り組むことによって、優先されるべき問題のこれらの諸要素を特定することになっている。


ここで重要なことは何か？

優先順位は何か？（前回同様、優先順位という言葉を避けるのではなく、できる限り導入すべきである。）

これらの中で、どれが最も重要か？

どのことが最も重要か？[*46]

しかし、これらの問いに対して、生徒や教師は正当に答えるかもしれない――何のために重要なのか？美学的な優先順位は機能的な優先順位に、道徳的な優先順位は法的な優先順位に優先するものなのだろうか？ デ・ボノはこのような質問に対して、彼特有の単純さでこう答えている――「ほとんどの状況において、考慮すべき事柄はすでに明白であり、それは重要性と優先順位の割り当ての問題である」[*47]。しかし、それだけでは不十分だ。ある与えられた状況において何が優先されると考えるかは、主体の目的によって大きく左右される。ある人や仕事にとって優先事項であっても、次の人にとってはそうではないかもしれない。もし、「ほとんどの状況において、考慮すべき事柄はすでに明白である」というのが文字通りの真実だとしたら、この活動の要点はすべて不明確になってしまう。デ・ボノの「優先順位」という言葉を避けるのではなく、できる限り導入すべきである」という教育学的な警告は、知らず知らずのうちに、この活動の唯一の要点である「優先順位」という言葉の意味を教えることを含んでいるのではないだろうか。しかし、これは一般化された思考スキルとは言い難い。

ＰＭＩ（プラス・マイナス・興味）と呼ばれるCoRTの「操作」はCAF（すべての要因を考える）とFIPの複合的な難しさに悩まされている。CAFと同様、PMIも何が「プラス」らしいのか、また「マイナス」らしいのかについての何らかのアイデアを生徒たちに与えるにあたっては、背景の知識や情報に頼っている。もし、デ・ボノが提案するように知識が必要ないのであれば、良い提案と悪い提案を区別する方法はない。さらに重要なことは、「プラス」と「マイナス」を区別する方法がないということだ！ また、FIPの場合と同様、何を優先事項、つまりこの場合は「プラス」とするかは、その人の特殊な目的により大きく左右される。例えば、「すべての自動車は黄色に塗られるべきである」と仮定した場合、（論理的に可能なすべての提案とは対照的に）もっともらしい提案をするためには、その人は、提案の意図する目的だけでなく、そのような量の黄色いペンキの入手可能性やコストについても知っていなければならない――美観や環境への配慮は言うに及ばずだ！　その人が必要とするのは、これらのいずれかについての正確な情報ではなく、そのようなことが関連した考慮事項であることを理解するための知識である。そのような知識がなければ、もっともらしい提案のクラスと論理的に可能な提案のクラスとを区別する方法はない。すなわち、本当の「プラス」と本当の「マイナス」を区別する方法はないのである。

一方で、もしデ・ボノが、単に生徒たちが自分の主観的な好き嫌いを「プラス」と「マイナス」として列挙するべきであると意図しているのであれば、ＰＭＩは真理性が重要になってくる文脈（つまり、ほとんどの学問や実務）においてはその活用は限定的なものとなる上に、ＰＭＩは生徒たちに、生産的な思考が人の主観的な好みを明確にすることにあるという誤った印象を与えてしまう危険性がある。Ｃ＆Ｓ（結果（Consequence）と後遺症（Sequelae））、ＡＧＯ（Aims, Goals, Objectives）など、ＣｏＲＴの他の操作にも同様の難点があるが、ここでは批判しない。私はただ、デ・ボノが教師たちに提供する「眼鏡」についての考え方がどういったものであるのかについて、読者に感じてもらいたいだけである。私自身は、この「眼鏡」は特にくすんだものであり、生徒に考えさせる伝統的な方法よりもはるかに物事を見通すのが難しい代物であると見ている。

最後に、ＣｏＲＴに対する一般的な批判が一つ残っている。デ・ボノは、ＣｏＲＴは「処理段階ではなく、知覚段階の知覚」を向上させるためのものであると事前に警告しているにもかかわらず、実際にはこの二つの段階（「発見の文脈」と「正当化の文脈」――「発見の文脈」はアイデアや新しいものの見方の創出を意味し、「正当化の文脈」はいったん創出されたアイデアの判断や証明を意味する）を混同し、組み合わせてしまっているのである。[*48] しかし、多くのCoRTの作業、特にCAFやPMIでは、明らかにアイデアや提案が受け入れられるかどうかの判断が必要である。実際、デ・ボノ自身がPMIの良さについて論じているが、人々の判断は「操作」によって影響を受けると考えられる。

ある状況について、無作為に半数の人が意見を求められた場合、彼らは明確な判断を下すだろう。もし、残りの半分の人が意図的にPMIを行い、それから判断するように求められたら、PMI後の判断はPMI前の判断とはかなり異なることが判明する。これは、意図的に良い点、悪い点を見ようとすることで、実際にグループの判断が変わったということを意味しているのである。[*49]

しかし、集団の判断を変えることは、「知覚段階」でのアイデアの提案とはほとんど関係がなく、「処理段階」でのアイデアの受容可能性と大いに関係がある。同様の批判がCARにもできる。Xについて「すべての要因を考慮する」ことが望ましい理由は、Xについての判断としてアイデアをより受け入れやすくするためであるが、これは明らかに正当化の文脈におけるアイデアの「処理」である。

おそらくデ・ボノが思考の「処理」と「知覚」の段階を混同していることを最も明確に示しているのは、彼自身がCoRTの操作に「知覚」という言葉を使うことに不安を抱いていることだろう。

本書で明らかになるように、私たちは「知覚」よりもはるかに優れた言葉を「ものの見方」に使う必要がある。「認識」はあまりに抽象的で、あまりに心理的で、あまりに視覚やその他の感覚的知覚に関係しすぎていて、心のものの見方に対応できない。いつか適切な言葉が見つかるかもしれないが、まだ見つかっていない。*50

デ・ボノはもちろん正しい。知覚は「あまりに心理的で、あまりに視覚に関係しすぎている」。しかし、もしデ・ボノが「発見の文脈」と「正当化の文脈」に関する膨大な文献を知っていれば、彼の区別がそれほど汚染されたものである必要はないことがわかるだろう。*51現状では、「知覚」という言葉は、CoRTプログラムに蔓延している非常に現実的な混迷を指し示している。このプログラムは、彼が二つの文脈の間で行いたい区別を崩しており、それゆえ、「知覚」という言葉は奇妙で不幸なものとして彼の心を打つのである。最初の知覚と判断は異なるものなのだ。さらに、これこそが、CoRTの操作が、主題の内容から抽象化されたとき、発見の文脈においては空虚で表面的なものであり、正当化の方法としてはまったく役に立たない理由なのである。

水平的思考

水平的思考はCoRTプログラムの最後のユニットであるが、デ・ボノは水平的思考について四冊の別の著書も書いており、水平的思考は別のトピックであると考えている。[*52] 水平的思考とは、新しいアイデアを導入する思考法、つまり私たちが通常、創意工夫や創造性と結びつけて考えるタイプの思考法について述べている。他のCoRTの「操作」とは異なり、通常の問題に対するより良い思考法ではなく、むしろ新しいアイデアや型破りな解決策を生み出すことに特化したものである。残念ながら、水平的思考とは何かについて、デ・ボノのセールストークを排除した明確な記述を見つけることはできない。デ・ボノは、垂直的思考とは明らかに違うものだと主張することで、水平的思考とは何かを定義することに最も近づいている。

水平的思考は、伝統的なタイプの思考である垂直的思考とはまったく異なる。垂直的思考では、人は順を追って前進し、その一つひとつを正当化しなければならない。この二種類の思考の違いは鋭い。例えば、水平的思考では、正しい解決策を導き出すために、ある段階で間違っていなければならないことがある――垂直的思考（論理学や数学）では、これは「不可能」である。水平的思考では、意図的に無関係な情報を探し出すことがある――垂直的思考では、関連性のあるものだけを選び出す。[*53]

彼は別のところで、その違いを次のようにまとめている。

垂直的思考は確率の高い、まっすぐな思考であり、水平的思考は確率の低い、横からの思考である。*54

確率の低いアイデアがうまくいったり何かに繋がったりした場合、その見返りは、意味合いが明らかなアイデアよりも、有用性という点ではるかに豊かである。多くの場合、水平的思考は、それ自体のために新しいアイデアを生み出そうとするのであって、必ずしも既知の問題を解決するためではない。したがって、水平的思考は、新しいアイデアを生み出す特定の手順や技術を体系化しようとする試みと言えるかもしれない。

デ・ボノは、水平的思考は従来の「垂直的」な思考に挑戦したり、それに取って代わったりするものではなく、むしろそれを補うものだと主張している。しかし、おそらく水平的思考は、形式論理学についてのすでに知られている限界と、従来の思考の非生産的なラインを追求する人々の傾向の両方を是正することを意図しているため、残念ながら、一般の人々、特に教育者には、水平的思考は従来の思考に取って代わるものとして受け止められている。さらに、デ・ボノは真逆のことを言っているにもかかわらず、デ・ボノ自身の序文、ジャケットの宣伝文句、折々の論考は、このような誤解を助長するものである。デ・ボノは、水平的思考の真意が何であり、何ではないのかを十分に明らかにしていないのである。

水平的思考の本質は、見慣れたパターンを見ることを避け、通常では結びつかないアイデアや物の特徴を結びつけることとである。デ・ボノが言うように、「私たちは線路に沿ってではなく、時には線路を横切って移動したい」のである。デ・ボノは、水平的思考を、通常とは異なるパターンで情報を利用するための態度と方法からなるものとしている。水平的思考とは、「アイデアの価値とは、そのアイデアの導く先にあるのであって、その瞬間に何を説明するかではない」と彼は言う。その方法は、問題を考えるための一連の異なる戦略とテクニックで構成されている。これらの戦略は、おなじみの「ブレインストーミング」のテクニックから、デ・ボノのテクニックである「コンセプト・チャレンジ」や「ランダムな刺激」まで多岐にわたる。例えば、「コンセプト・チャレンジ」は、一般的に信じられている思い込みや、ステッキのような見慣れたものを取り上げて、その部品、機能、デザインを、何か新しい、潜在的に有用なパターンに再構築しようとするものである。また「ランダムな刺激」は、事実上、任意に選択された物体や単語から、最初の問題や状況を連想していくものである。選ばれた言葉は「踏み石のアイデア」と呼ばれる。その理論的根拠は、ある問題に対する解決策がないときに、見知らぬ単語を取り入れると、それ自体が連想や類推を呼び起こし、原理的にはどんな二つのアイデアでも何らかの形で結びつけることができるから、というところにある。デ・ボノが主張するように、多くの場合、これらの結びつきは潜在的な解決策を生み出すか、少なくともそれ自体が興味を引くようなアイデアを生み出すのである。

「PO」とは、デ・ボノが実践的な場面で水平的思考をより身近なものにするために導入した擬似的な言葉である。「PO」という単語は名詞、形容詞、接続語の代わりに文中に挿入することができるものであり、「可能」や「おそらく」と同じ意味を伝えることを意図している。使用例としては、「PO飛行機は逆さまに着陸する」とか、「月曜日の犯罪の罰則はPO二倍である」などがある。デ・ボノによれば、POそのものが単語ではなく、その結果生じる常に文法的な文章でもないことが、美徳なのだという。というのも、言語が慣れ親しんだ思考やパターンを導き出すのに対し、POはそれを撹乱し、新鮮で珍しい連想を強いるからである。デ・ボノによれば、POの最も重要な特徴は、論理的思考や従来型の思考を操る言葉であるNOと常に対照的であることである。

NOとPOはどちらも言語ツールとして機能するが、その作用はまったく異なる。NOは判断装置。POは反判断装置である。NOは推論の枠組みの中で働く。POはその枠外で働く。POは不合理な情報のアレンジを生み出すために使われるかもしれないが、水平的思考は垂直的思考とは異なる方法で機能するため、実際には不合理ではない。水平的思考は非合理的ではなく、合理的なのだ。水平的思考は情報のパターンを扱うのであって、そのパターンの判断を扱うのではない。水平的思考は事前推論（prereason）である。POは決して判断のための装置ではない。POは建設的な装置である。POはパターン化装置である。パターン化のプロセスには、脱パターン化と再パターン化も含まれる。*55

デ・ボノが自分の考えを広めるために使っている、説明と修辞的説得の奇妙なミックスに注目してほしい。この場合、ＰＯに批判的であることは、「構成力（constructiveness）」に批判的であることと同じである――もしそれが可能なら。

少なくともこの例では、デ・ボノは水平的思考を「正当化の文脈」と混同していない。それは明らかに「発見の文脈」のための思考ツールである。しかし、「発見の文脈」の中で、対象領域からまったく独立した思考のための一般化された処方箋には注意しなければならない。必然的にそのような処方箋は、内容や知識の特殊性を無視しなければならない。ある種の内容に依存した指針がなければ、水平的思考は文字通りのナンセンスを無限に生み出しかねない。デ・ボノは水平的思考者に、従来の「垂直的」思考の「罠」にはまることを避けるために、通常の手がかりやパターンを無視するようアドバイスしている。そのため、水平的思考をより正確に呼ぶなら、「水平的な推測」となる。デ・ボノはこのような変更に、この用語が修辞的なパンチを失うことを除けば、異論はないはずである。しかし、教育者にとっては、水平的思考をそうでないものとして解釈する傾向が弱まるだろう。教育者は、水平的思考が、通常なら人が思考と見なすものからどれほどかけ離れているかをよりよく理解できることだろう。

「水平的な推測」ですら、推測であることに変わりはない。さらに悪いことに、それは無知な推測である。デ・ボノは、アインシュタイン、エジソン、パスツールといった多くの有名な科学者や発明家が水平的思考を使っていることを示唆することで、水平的思考の有用性を証明しようとしている。基本的に彼の主張は、これらの人々、特にエジソンとパスツールは、幸運を偶然に帰すにはあまりにも多くのことを発見したというものである。その代わりに、彼らは偶然の出来事や偶然のものの見方を最大限に活用する「心の習慣」をもっていたのであり、それは初歩的な水平的思考に他ならないとデ・ボノは主張する。

発明家や有名な科学者は通常、新しいアイデアを一つだけでなく、次々と生み出す。このことは、新しいアイデアを生み出す能力が、ある人には他の人よりも発達していることを示唆している。この能力は、知能というよりも、心の習慣や考え方に関係しているようだ。

物事をさまざまな方法で見る練習を積めば、与えられた情報の文脈を見つける能力が驚くほど高まる。水平的思考が上手になればなるほど、偶然の情報、偶然のアイデアの組み合わせは、ますます役に立つようになる。偶然そのものが変わったのではなく、偶然を利用するのがうまくなっただけなのだ。[*56]

しかし、この説明の際立った欠点は、こうした人々がそれぞれの分野の知識や情報にどの程度浸っていたかということをまったく考慮していないことにある。彼らは情報の空白の中で「偶然の産物」を認識したわけではない。パスツール自身がかつて言ったように、「チャンスは準備された心に有利である」のだ。デ・ボノが見落としているのは、この準備とは、水平的思考と呼ばれる独特の「心の習慣」ではなく、自分の専門分野の知識やデータに徹底的に没頭することである。そのような情報やデータを使いこなすことができれば、「偶然の産物」を認識し、それを活用する準備が整うのである。ラヴォアジェが酸素の正体に気づく前に、多くの人が酸素を分離していた。また、フレミングが抗生物質としての可能性を認識する前に、多くの人々が柑橘類にカビが生えるのを見ていた。デ・ボノの言う通り、そのような人々は他の人々よりも「偶然の産物」を収穫することができる。しかし、それが水平的思考の特別な能力のせいだというのは間違いだ。彼らの場合は、その分野の知識で徹底的な準備をした後に続く「垂直的」思考の能力なのだ。このような準備は、このような大きな発見をするための前提条件であり、水平的思考は重要な発見への近道ではない。

最後に、水平的思考の使用には、認識論的に重大な問題が残る。最寄りの図書館で簡単に手に入る情報を調べるために高価な実験をしないのと同じように、まず「垂直的」思考を使い切るまでは、水平的思考を使うことはないだろう。「垂直的」思考は、定義上（デ・ボノも認めるように）より直接的で信頼できるものである。しかし、従来の「垂直的」思考の使い方を学ぶのは複雑で時間のかかる作業であり、多くの場合、それを使うタイミングを学ぶには、多くの質問をしたり、多くのリサーチをしたりする必要がある。合理的であるためには、まずこのすべてを行うべきである。ドアの掛け金を試してみるまでは、爆薬には手を伸ばさない。このような配慮があれば、水平的思考を最初に使うことはない。実践的な状況では、いつ水平的思考を使うのが合理的かを判断するのは常に難しい。問題には「解決できる」とか「解決できない」というマークはついていない。このような情報は、通常の「垂直的な」手段によって得られるのである。このことは、先に論じたように、通常の「垂直的思考」が、認識論的に水平的思考に先立つものであることを示している。学校は、その欠点はあるにせよ、この優先順位を重視する点では正しい。残念なことに、多くの教師は、デ・ボノのさまざまな思考プログラムが、生徒たちに明るく輝く新しい思考スキルを与えていると感じている（私はこの「感じている」を強調する）ようである。光り輝くものはすべて……ということを思い知らされるべきだ。

注

＊1 Gilbert Ryle, 'A puzzling element in the notion of thinking', in P. F. Strawson（ed.）, *Studies in the Philosophy of Thought and Action*（New York: Oxford University Press, 1968）, p. 23.

＊2 'But how do you teach thinking?', *Times Educational Supplement*, 17 August 1973, p. 4.

＊3 *Thinking Course for Juniors*（Blandford Forum, Dorset: Direct Educational Services, 1974）; *The Five-Day Course in Thinking*（New York: Basic Books, 1967）; *Children Solve Problems*（Harmondsworth: Penguin, 1972）; *CoRT Thinking Lessons*（Blandford Forum, Dorset: Direct Educational Services, 1974）; *Teaching Thinking*（London: Maurice Temple Smith, 1976）.

＊4 *Thinking Courses for Juniors*, p. 6.

＊5 例えば、彼は「視覚的表現は言語的表現よりもはるかに後天的なスキルではない」と主張するだけで、子どもが（言葉の代わりに）絵を使うことを正当化している。*ibid.*

＊6　*Teaching Thinking*, p. 38.

＊7　例えば次の著書を参照のこと。*Children Solve Problems and The Dog Exercising Machine* (New York: S & S, 1971).

＊8　Harmondsworth: Penguin, 1971.

＊9　*Teaching Thinking*, p. 37 (emphasis added).

＊10　*The Mechanism of Mind*, p. 36.

＊11　*ibid.*, pp. 9–11.

＊12　*ibid.*, p. 61.

＊13　*ibid.*, p. 97.

＊14　*ibid.* p. 97.

＊15　*Teaching Thinking*, p. 37.

＊16　*The Mechanism of Mind*, p. 39.

＊17　ＰＯとは、デ・ボノが自身のプログラムの中で、代替可能性についての思考を刺激するために作った造語である。詳しくは次の著書を参考にせよ。*PD: Beyond Yes and No* (Harmondsworth: Penguin, 1972).

＊18　*Mechanism of Mind*, p. 7.

＊19　*ibid.*, p. 18.

＊20　*ibid.*, p. 155.

＊21　*Teaching Thinking*, p. 20.

＊22　*ibid.*, p. 32.

＊23 *ibid.* pp. 95–6.

＊24 *ibid.*, pp. 32–3.

＊25 *Thinking Course for Juniors*, p. 6.

＊26 *Teaching Thinking*, p. 17.

＊27 *ibid.*, p. 17.

＊28 *ibid.*, p. 50.

＊29 広く複製された『思考を教える』のジャケットより。

＊30 *Teaching Thinking*, pp. 7–8.

＊31 *ibid.*, p. 8.

＊32 *ibid.*, pp. 103–4.

＊33 *ibid.*, pp. 95–6.

＊34 *ibid.*, p. 111.

＊35 第1章 pp. 14–5.

＊36 'But how do you teach thinking?', *Times Educational Supplement*, 17 August 1973, p. 4.

＊37 *ibid.*

＊38 *Thinking Courses for juniors*, pp. 96–7.

＊39 'But how do you teach thinking?', p. 4.

＊40 *Teaching Thinking*, p. 104.

＊41 *ibid.*, p. 108.

＊42　*Teaching Thinking*, pp. 103–4.

＊43　*Children Solve Problems*, p. 9. ここでも、彼が言及している研究の参考文献がないことに注目してほしい。

＊44　'But how do you teach thinking?', p. 4.

＊45　*Thinking Courses for Juniors*, p. 91.

＊46　*ibid.*, p. 97.

＊47　*ibid.*

＊48　私が論じているのは、水平的思考を排したCoRTの「操作」であることを明確にしておきたい。

＊49　*ibid.*, p. 94.

＊50　*Teaching Thinking*, p. 9.

＊51　これもまた、デ・ボノが自分の専門分野の研究を読むことも、脚注をつけることも拒否していることを認めた結果である。

＊52　四冊の本とは次の著書である。*The Use of Lateral Thinking*（Harmondsworth: Penguin, 1971）; *Lateral Thinking: A Textbook of Creativity*（Harmonds-worth: Penguin, 1977）; *Lateral Thinking for Management*（New York: McGraw-Hill, 1974）; and *PD: Beyond Yes and No*.

＊53　*Lateral Thinking*, p. 11.

＊54　*The Use of Lateral Thinking*, p. 139.

＊55　*Lateral Thinking*, p. 197.

＊56　*The Use of Lateral Thinking*, pp. 20, 104.

第6章

読解、テスト、批判的思考

この章では、批判的思考を測定するために最も一般的に使用されている「ワトソン・グレイザー――批判的思考鑑定」と「コーネル批判的思考テスト」の二つを検討する。なぜなら、第一に、これらのテストの課題も結果も、「一般的な知能」(つまりIQ)テストに関係するものとの有意な違いを示さないからであり、第二に、これらのテストの制限的な形式が、その用語のあらゆる擁護可能な意味での批判的思考の使用を妨げるからである。しかし、これらのテストが失敗するという事実はさておき、批判的思考の概念に対する私たちの考え方は、これらの失敗の正確な理由を調べることによって明らかにすることができる。特に、批判的思考のテストに伴う困難は、基本的な読解力、読み書き能力、読解力のテストに関連する、より伝統的な問題のいくつかと非常によく似ている。この二つのテスト分野の間に存在する類似性は、時に非常に顕著であり、その比較はこれらの困難、ひいては批判的思考の本質を解明するのに役立つ。

読解力研究

読解力の教授と学習に関する文献は、おそらく教育研究のあらゆる分野の中で最も多く存在している。しかし、「読解力とは何か」という問いに取り組む読解力研究の分野に限定すれば、すぐに二つの一般的な観察が可能である。第一に、この基本的な問いに関する合意は、期待されるよりもはるかに少ない。第二に、「読解力とは何か」という研究者の見解は、研究者がその領域で行う研究の種類に大きく影響する。実際、多くの場合、その研究がどのような問いに答えようとしているかを調べるだけで、研究者の読解力観がどのようなものかを知ることができる。[*1]

少数の例外を除いて、読解力の研究者は、研究戦略に組み込まれた暗黙の読解力観に従って、二つの異なるタイプのいずれかにカテゴリー化または分類することが可能である。どちらのグループも、ほとんどの新入生がそうであるように、基本的な言語能力がすでに身についているところから出発している。数的に圧倒的に多い最初のグループは、読解力をある種の記号的な「解読・発音」能力（単に「文字音コード」と呼ばれることもある）の保有と見なしているようだ。このグループは通常、読解力に関連したより高度な問題を軽視し、フォニックス、知覚（例えば単語全体や部分）、発声、副音声、聴覚的弁別、記憶スパン、その他読解に必要と考えられている技術的スキルなどに重点を置いている。ちなみに、フォニックス対ホールワード論争が激しさを増しているのは、このグループの研究者たちである。しかし、一般的には、このグループ全体が、読解力を基礎的な（「解読」）技能のセットと見なしているようである。このため、このグループの原則を「基礎技能アプローチ」と呼ぶことができる。

もう一つの研究者グループは、先の基礎技能アプローチの将来性についてはあまり楽観視していないが、その主な理由は、このグループが読解力を単離可能なスキルの集合よりもはるかに複雑なものと考えているからである。[*2]このグループにとっては、認知的前提条件や読解力が読解プロセスの基本であり、理解には情報や概念、そしてそれらのさまざまな意味合いを理解することが含まれるため、「基礎技能」という見方は単純すぎるのである。この視点に立てば、読解力と理解とは切り離すことはできない。なぜなら、両者は別個のものではなく、同一の行為だからである。この後者のグループの研究は、読解の本質に関する根本的な疑問を提起し続け、読解を複雑な認知的達成として扱っている。このような読解の視点を、「把握アプローチ（comprehension approach）」と呼ぶこともできるだろう。

読解力に対するこの二つのアプローチを区別するための試金石として、次のような質問を投げかけることができるだろう――Xを把握（つまり理解）せずにXを読むことは可能か？　後者の研究者グループは、「いいえ、それは不可能です」と答えるだろう。実際、彼らの研究活動の主要な柱は、このことを指摘するためにある。彼らにとって、高度な政治論文の文章を流暢に「解読」する九歳児は、この理由から読書をしているとは言えない。しかし、「基礎技能」グループは、この疑問についてはせいぜい曖昧な態度である。知覚、発声、記憶スパンなどに重点を置いていることから、このグループにとって読書とは「文字と音のコード」を適切に「解読」することである。彼らにとっての「解読」が把握を含意するのかどうかは定かではない。もし含意するのだとしても、把握がどの程度まで関わるものなのだろうか？　彼らは論証のために「解読」には把握が含まれると言うかもしれないが、彼らの実質的な研究では、それは脇役に追いやられている。読解を基本的な、多かれ少なかれ機械的な技能の範囲にとどめようと、あらゆる努力が払われているように見える。なぜなら、もしそうでなければ、把握の門が開かれてしまい、読解はきちんと管理できるようなものではない、はるかに複雑なものになってしまうからだ。

M・ウィーナーとW・クロマー[*3]は、「読解」技能そのものの習得に必要な技能と、達成された読解に必要なスキルとの区別を導入した。彼らは、習得に関心のある人は「識別」能力（例えば「解読」）を重視するが、熟達した読解に関心のある人は「把握」を重視する可能性が高いと指摘している。これは有益な区別であり、研究の重点の違いや、読解力に関する二つの考え方がどのように定着したかを説明するのに役立つ。さらに、二つの研究の試みを混同してはならないという、彼らのその後の警告にも耳を傾ける価値がある。しかし、この区別が有用であるとしても、読解と把握の間の概念的な繋がりを無効にするものではない。その人が熟達した読書家であろうと、ただの初心者であろうと、彼の活字から意味を導き出す能力、つまり読解力は、その人の「理解をもってメッセージを解釈する」能力によって制限される。実際、これこそが把握が意味するところなのである。読解力が他のいかなるものを含んでいようとも、把握が読解力の一部であることは避けられない。把握なしに「解読」することは可能かもしれないが（例えば、九歳児が『失楽園』の文章を正確に発音することはできる）、把握なしに読むことはできないのである。

研究者の中には、「基礎技能アプローチ」に従って、読解の学習は言語の学習とは別の課題であり、把握とは言語を理解する機能であるとして、把握にまつわる複雑さを回避しようとする者もいる。*4 結局のところ、明瞭に話す大人でも読めない人はいるのだ。しかし、この観察は、言語とその知識もまた同様に、読むことができることの不可欠な機能であるという必然的な気づきを先延ばしにしているに過ぎない。例えば、他の言語をまったく知らない英語話者の多くは、印刷されたドイツ語の文章を優れた発音で「解読」することができる。このような人々がドイツ語を読んでいると言えるだろうか？　私はそうは思わない。読むことの目的の全ては、印刷された記号からメッセージを受け取ることにある。もし適切な文字記号が何のメッセージも与えなければ、そこに把握は存在しない。そして、そこに把握がなければ、その言葉の知性的な意味での読解はない。

トーマス・C・シュティヒトは、切り詰められた読解力概念（つまり「基礎技能アプローチ」）が、最も広く使われている基礎的な読み書き能力テストにおいて、いかに勝利を収めているかを明らかにしてきた。[*5] これらのテストに対する彼の反論は、読解力と同様に、識字力も印刷された単語や文章を「解読」する能力以上のものと見なすべきだというものである。

識字能力とは何を意味するのか、知識、読解力、識字能力がどのように相互に関連しているのかについて、現在のところコンセンサスがかなり欠如していることを示す証拠があふれている。例えば、以下が全米学力調査（National Assessment of Educational Progress）読解力テストの質問項目（一九七二年）である。被検者には次のような標識〔次頁図〕が提示される。

そして、こう質問される。

「この標識をおそらくどこで見ますか？」（正しい選択肢に印をつけるよう指示が与えられる。）〔次頁表〕

この問題で忘れてはならないのは、この問題が、わが国の読解力を評価することを目的とした評価システムの中で起こったということである。第三の選択肢に印をつけた人は不正解となり、彼らの読解力、ひいては国の読解力が問われることになる。しかし、この調査や最近行われた他の調査において、（……）多くの項目で正答率が低かった主な理由は、読解力不足によるものなのか、それとも特定の知識不足なのか、明らかにしようとチェックすることはない。*6

ここから予想されるように、シュティヒトは、事実、習慣、社会規範などの知識は、私たちが意味する識字能力と密接に関係していると主張する。このように、識字と読解力には共通した特徴がある。つまり、両者を多少なりとも機械的な「解読」スキルに還元することはできず、これらの分野における達成には、対象領域に関する何らかの独立した知識が必要なのである。シュティヒトの識字に関する研究は、読解

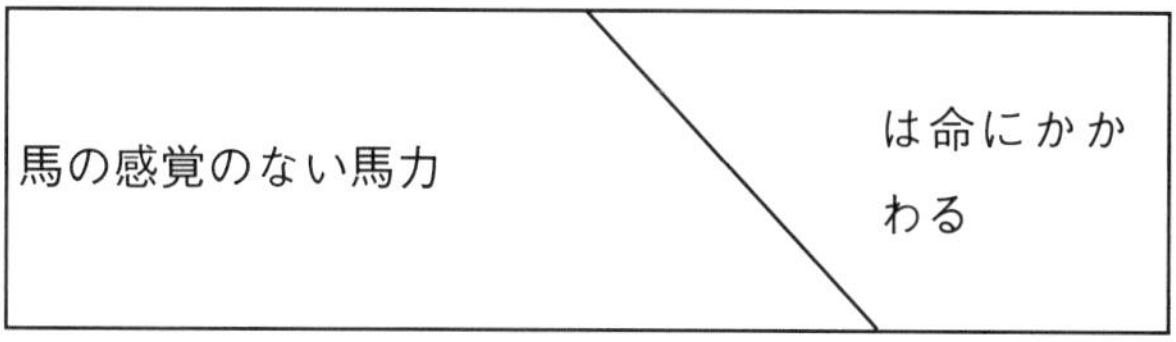

	正解	年齢別正解率（選択肢を選んだ人の割合）			
		9 歳	13 歳	17 歳	成人
高速道路	X	23.3	44.6	75.7	88.4
体育館					
競馬場		64.3	47.2	17.6	7.0
食料品店					
わからない					

力に対する「把握アプローチ」を支持するものである。なぜなら、彼の研究は、一般的な知識と読解能力との関連に関して、結果的に、事実上同じ結論を導き出しているからである。

しかし、基本的な読解力についての考え方がどうであれ、本格的な意味での読解力を考える場合、読解での把握とは、単なる文字と音の連結を超えた複雑な要素の存在を意味するものであることを明らかにできると私は考えている。特に、それは情報を適切に処理し、その情報に関して「推論」を行うことを意味している。実際、この観察を念頭に置けば、批判的思考との並列が容易に見て取れる。結局のところ、批判的思考も同様に、情報を適切に処理し、その情報に関して推論を行うことを伴う。しかし、読解力と同様に、批判的思考も、いくつかの機械的な「解読」スキルに還元することはできない。

エニス、ダンジェロ、スクリヴェンといった批判的思考の研究者たちは、読解力の研究者たちと同じように、批判的思考に「基礎技能アプローチ」を採用している。彼らは批判的思考の問題を「基礎技能」の問題であると解釈し、同様に情報の解釈や処理（把握）の複雑さを軽視または排除してきた。そのため、批判的思考は基礎技能の集合体であり、あたかも文字と音の解読問題の一種に過ぎないというのが、批判的思考に関する一般的な見解である。形式論理学、非形式論理学を問わず、論理学コースには批判的思考を構成するコードが含まれていると考えられてきた。読解力と批判的思考いずれの領域においても、「基礎技能アプローチ」は、各プロセスについての極端に切り詰められた概念を採用することによってのみ擁護することができる。しかし、この読解力についての切り詰められた概念は、特にトーマス・シュティヒトが指摘したような識字に関する諸問題に直結する。ここで私たちは、批判的思考に対する極端に限定された概念というものが、ワトソン・グレイザーやコーネルの批判的思考テストの妥当性をどのように損なうかを吟味するべきだろう。

ワトソン・グレイザー・テスト*7

ワトソン・グレイザー批判的思考鑑定（Watson-Glazer Critical Thinking Appraisal: Forms YM and ZM）は、批判的思考能力を測定するための標準化されたテストとして、これまで発表された先行研究の中で最も広く使用されている。批判的思考コースの事前・事後テストとして最も一般的に使用されているだけでなく、批判的思考を測定する公式の物差し（yardstick）として使用された報告書や研究が百九件発表されている。*8 しかし、このテストそのものと、それを裏づけるために使用されている正規化されたデータをよく調べてみると、このテストには重大な欠陥があり、批判的思考のテストとしての完全性が損なわれていることがわかる。第一に、このテスト自体には、批判的思考という用語の正当な意味での使用を実際に妨げるような、数多くの混乱や混同がある。第二に、ワトソンとグレイザーが蓄積した膨大なデータベースは、批判的思考がユニークな、あるいは特殊な一連のスキルとして、実際にテストされていることをほとんど、あるいはまったく示していない。

このテストに存在する混乱は、まず受験者向けの付属マニュアルに現れ、その後、実際には従うべきでない指示を提供することによって、さまざまな形でテスト全体を通して永続化される。実際、論理的に一貫してその指示に従うことができない場合もある。私がここで言う混乱とは、推論とは何かについてのワトソンとグレイザーのあいまいな理解に由来する。特に、真かもしれないし偽かもしれないとする命題と、有効かもしれないし無効かもしれないという推論との間の長年にわたって確立されてきた区別を彼らは混同している。彼らは、推論は真にも偽にもなりうる種類のものではないことを理解していないようだ。推論は有効か無効かのどちらかであり、決して「真」と表現すべきではない。例えば、テストのマニュアルに書かれている推論についての記述を見てもらいたい。

推論：（二十項目）与えられたデータから導き出される推論の真偽の程度を識別する能力。[*9]

前述の混乱に加え、この言明は、真理と虚偽に程度があるという（支離滅裂ではないにせよ）同様に奇妙な概念を導入している。通常、私たちは知識や確信には程度があると言うが、真偽には程度はない。このように、一つの混乱が別の混乱と複合しているのである。

この基本的な混乱がワトソン・グレイザー・テスト自体に具体的にどのように現れているかを示す前に、一般的なテスト問題の論理性について観察する必要がある。特に私が注目したいのは、テスト問題の中には、その問題で提供される情報以外の、あるいは追加的な知識や情報を受験者に要求するものがあるという事実である。これとは対照的に、自己完結型で、受験者が外部の情報を利用する必要のないタイプのテスト問題もある。後者の例としては、ＩＱテスト、基本的な読解力テスト、論理テスト、ある種の数学テストなどが挙げられる。これら二つのタイプのうち、第一の、外部または追加情報を必要とする問題の例は次のようなものになる。

テスト文：賃金と価格の統制は、政府による自由市場の力に対する「改ざん」である。これはしばしば不公平をもたらし、経済を停滞させる。

対応する問い：政府は自由市場の力を侵害することをやめ、あらゆる形態の賃金・価格統制をやめるべきか？

答え：？（おそらく。）

外部情報や追加情報を必要としない、自己完結型のテスト問題の例としては、次のようなものがある。

テスト文：ジェームズはポールより背が高く、ポールはアリスより背が高い。

対応する問い：アリスはジェームズと同じくらい背が高いか？

答え：いいえ。

この二つのタイプの問題で特筆すべき点は、前者は受験者に追加情報を要求するため、真偽の判断を求めているということであり、一方、自己完結型の後者のタイプの問題は、与えられた情報から適切な推論を行う受験者の能力を試すものであり、真実か虚偽かには関係ないということである。

したがって、これら二つのタイプの問題の内部論理はまったく異なることがわかる。両者を区別する特性は、第一のタイプでは受験者が外部または個人的な情報を提供することを要求している。そのような情報が要求される場合、人々の知識、情報、経験は異なるため、その問いは推論に関するものではない。一方、追加情報が要求されず、問題が自己完結している場合、問題は純粋にある種の推論に関するものであり、真偽の判断に関するものではない。

テストを作成する者は、特に一般的に使用される標準化されたテストでは、テスト項目間のこのような決定的な違いを強く意識しなければならないことは明らかである。しかし、これこそがワトソン・グレイザー・テストを汚染している混乱であり、そしてこの混乱は何らかの形でテスト全体にも見られるものである。例えば、「推論」とその妥当性をテストするのに適切であるはずの、自己完結的な問題をテスト指示として用意しておきながら、実際にはさらなる情報を必要としており、「真偽」の判定を必要とする問題を出題していることなどに、この混乱が現れている。したがって、私が示そうとしているのは、この問題の内容は本当は著者が関するものではないのであり、生徒が指示に従った場合、成績が悪くなるということである。要するに、真の批判的思考者の成績はワトソン・グレイザー・テストでは高く出ないのである。

テストの最初のセクション（ちなみに最も長いセクション）は、「推論」に関するものだと説明されている。このセクションは具体的な指示から始まり、模範となるサンプル問題と正解が示されている。各問題には五つの減点要素（つまり可能な解答）があり、それらは次のように説明されている（最初の段落を除き、強調箇所は筆者による）。

このテストでは、各問題は、あなたが真実と見なすべき事実の言明から始まります。各事実の言明の後には、いくつかの可能性のある推論、つまり、言明された事実を踏まえてある人が下すかもしれない結論が書かれています。それぞれの推論を個別に検討し、その真偽の「程度」について判断しなさい。

それぞれの推論について、解答用紙にはT、PT、ID、PF、Fとラベルが書かれた空欄があります。それぞれの推論について、該当するラベルの下の空欄に印をつけなさい。

T（True）：その推論が間違いなく真実である、すなわち、推論は与えられた事実の言明から合理的な疑いを超えて正しく導かれると思う場合。

PT（Probably True）：与えられた事実に照らして、その推論がおそらく正しい、すなわち、推論が真実である可能性が半分より高いと判断した場合。

ID（Insufficient Data）：データが不十分で、与えられた事実からは推論が真か偽かわからない、すなわち、事実がどちらか一方を判断する根拠を与えない場合。

PF（Probably False）：与えられた事実に照らして、その推論がおそらく誤りであると考えられる、すなわち、その推論が誤りである可能性が半分よりも高い場合。

F（False）：もしあなたが、その推論が間違いなく誤りである、つまり、与えられた事実を誤って解釈している、あるいは事実もしくはこうした事実を踏まえての必要な推論と矛盾しているという理由で、その推論が間違っていると考える場合。

これらの指示の中の太字でのフレーズは、答えが与えられた事実のみに基づいて決定されるため、問題が自己完結的であることを意図していることを明確に示唆している。これは確かに、「推論」に対する真のテストのあるべき姿である。しかし、この詳細な指示の直後には、次のような記述がある。

ある推論がおそらく真であるか、あるいはおそらく偽であるかを判断する際、事実上すべての人がもっている、ある一般的に受け入れられている知識や情報を使わなければならないことがある。

ここで受験者は、悔しいことに、先に述べたように与えられた事実だけで判断するのではなく、自分自身の「一般的な知識」の一部を取り入れなければならないことを知る。そして、受験者がこの時点で十分に混乱していない場合、指示は例を示して進む。

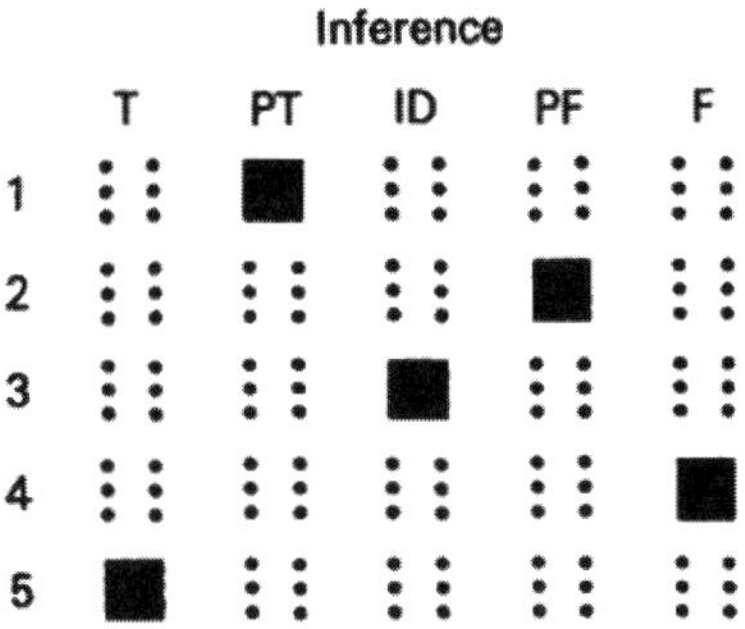

テスト1の解答
〔1 PT　2 PF　3 ID　4 F　5 T〕

〔例〕

先日、中西部の都市で週末に開催された生徒フォーラムに、二百人の中学二年生が自主的に参加した。この会議では、人種関係と恒久的な世界平和を達成するための方法というテーマについて話し合われた。

推論1．グループとして、この会議に出席した生徒たちは、他の大半の中学二年生よりも人道的な問題や広範な社会問題に強い関心を示していた。

推論2．これらの生徒の大半は十七歳から十八歳であった。

推論3．全国各地から集まった。

推論4．生徒たちが議論したのは労働関係の問題だけであった。

推論5．中学二年生の生徒の中には、人種関係や世界平和を達成するための方法について議論することは価値があると感じている生徒もいた。

模範問題であるため、この例題は当然ながら、テストそのものに続く多くの問題よりも簡単である。それでも、この例題の説明的な考察を以下に示しておく。

前記の例では、推論1はおそらく正しい（PT）であろう。なぜなら、（一般に知られているように）ほとんどの中学二年生は、広範な社会問題にそれほど深刻な関心を示さないからである。というのも、ここで与えられた事実からは、他の中学二年生がどのような種類の、どの程度の社会問題への関心を示すかについては、確かな知識を得ることはできないため、間違いなく正しいと考えることはできない。また、これらの生徒のうち何人かは、主に週末の外出を望んだためにボランティアに参加した可能性もある。

アメリカでは十七歳から十八歳の中学二年生は比較的少ないので、推論2はおそらく誤りである（PF）。

推論3には証拠がない。したがって、この問題を判断するにはデータ（ID）が不十分である。

推論4は（……）という事実についての言明の中で与えられているので、間違いなく偽（F）である。[*10]

この議論から明らかなように、ワトソンとグレイザーは、当初の指示とは逆に、受験者が自分自身の「一般的知識」を使ってこれらの問題に答えることを期待している。したがって、（純粋な推論に関係する）

自己完結的な問題として説明されているものは、実際には自己完結的ではないのである。さらに、多くの論理テストが、示されていない問題の前提について読み取るように受験者にペナルティを課しているという事実を考慮するために立ち止まるとき、このような問題では論理の訓練が不利になることは明らかである。前記の例では、論理の訓練を受けた生徒は、生徒が熱心であるか無気力であるかについて、実際的に何も言及されていないことに、またこの前提の中に論理的に何も暗示されていないことに、また生徒の年齢について実際的に何も述べられていないことに気がつくだろう。したがって、受験者はこれらの質問について推論をしないように拘束されていると感じるだろう。しかし、これらの項目は、論理を忘れ、代わりに「常識」を使うことを要求している。しかし、正確には「常識」とは何だろうか？そしてそれは誰にとっての常識なのか。そして、それは常に論理に取って代わるべきものなのか、それともそれはワトソン・グレイザー・テストにおいてのみなのか。

社会科学の生徒／学生や受験者、特に統計学を学んだ人たちは、このような問題に答える際には、自分の専門分野の訓練をすべて抑制せざるをえないだろう。こうした訓練は彼らに、これらの解答で要求されるような一般化を正当に行うには、大量の異なるデータが必要であることを教えている。実際、同語反復や明白な矛盾（つまりTかF）でないすべての質問について、訓練を受けた社会科学者は、これらの「推論」のいずれにも十分なデータがないため、IDをマークしなければならないだろう。例えば、最初の質問では、二百人の自主的に参加した生徒たちは、何万人ものボランティアの中から選ばれたかもしれない。その多くは、この特定のグループよりもさらに熱心かもしれない。社会科学者は、偏見や意見によって問題が先入観をもたれないように、そのような可能性をコントロールしなければならないことを知っている。しかし、ここでもまた、この種の規律ある思考、批判的思考は抑制されなければならない。

ワトソン・グレイザー・テストの「解釈」と題されたセクションでも、同じタイプの混乱が少し形を変えて現れている。私たちは問いかけるべきなのである――この質問はオープンなものなのか（つまり、知識や情報を必要とするものなのか）、それとも自己完結的なものなのか、と。受験者への指示は、この点について明確ではない。これらの指示は、何が合理的な信念であるかについて判断するよう、受験者に体系的に求めている（これはオープンな問題であることを示唆している）が、同時にここでの指示は、テストが提供している文章内で提供された情報に限定して判断するように求めてもいる（これは自己完結型の問題であることを示唆している）。指示には次のように書かれている（強調は私が行った）。

このテストでは、短いパラグラフに書かれていることはすべて真実であると仮定してください。問題は、提案された結論のそれぞれが、文章の中で与えられた情報から道理のある疑念を超えて論理的に導かれるかどうかを判断することです。

提案された結論が（絶対的かつ必然的に導かれるものではなくても）道理のある疑念を超えて導かれると思う場合、解答用紙の「結論は導かれる」欄の適切な点線の間に黒く濃い印を付けてください。与えられた事実から結論が道理のある疑いを超えて導かれないと思う場合は、「結論は導かれない」

の下に印を付けてください。

ここでの難しさは、法律上の陪審と同様、「道理のある疑いを越えて」という言葉の意味にある。一般的に、何が「道理のある疑いを超える」のか、あるいは「道理のある疑いを超えない」のか。この質問に対する答えは、部分的には、判断を下す個人の個人的な知識、信念、経験の関数である。つまり、このような評価を下す際には、その人自身の経験を生かさなければならない。[*11] したがって、論理的または分析的な観点からは、「道理のある疑いを超えて」という表現は、この問題を未解決のもの（つまり、自己完結的でないもの）にする。しかし、指示はこのフレーズと「文章の中で与えられた情報から」というフレーズを結合させており、設問が自己完結的であることを意図していることを示している。このように、ある結論が「文章の中で与えられた情報から道理のある疑いを超えて論理的に導かれる」のかどうかを判断するという指示は、体系的にあいまいなのである。

このセクションの問題の多くは、文章の中には明示されていないが、与えられた事実から導かれる可能性のある事実について推論することを受験者に求めている。したがって、文章の中で明示的に述べられているという特性は、結論が導かれるか導かれないかを判断するために必要となるような尺度ではない。では、そのような判断を下すために必要な尺度とは何なのか？　その答えは、受験者の考えていることが、「道理のある疑いを超えて」いるということだ。しかし、これは明らかに受験者個人の私的な信念の状態に関わるものである。テストからこの問題について考えてみよう。

普段はすぐに眠りにつくのだが、月に二回ほど、夕方にコーヒーを飲むことがある。コーヒーを飲んだときはいつでも、ベッドに入った後、何時間も寝られずにゴロゴロしている。

74. 私の問題はほとんど精神的なものである。私は夜にコーヒーを飲むと、コーヒーが私を眠らせないだろうと過剰に意識してしまい、その結果そうなってしまうのだ。

75. コーヒーに含まれるカフェインが飲んだ後数時間神経系を刺激するため、夜コーヒーを飲んでもすぐに眠れない。

76. 夜、私が横になって寝たり寝返りを打ったりする原因は何であれ、私が夕方にコーヒーを飲んだことと関係している。

このセクションの同様の問題との流れから、推定される事実が「文章の中で言及される必要がない」ことを思い起こすなら、ここで何が「道理のある」のかを判断するには、個人的な信念が必要とされることになると理解する。したがって、ある人は、自分の信念次第で、これらの推論のうちのどれかが「道理のある疑いを超える」と正当化するかもしれないし、「どれにも当てはまらない」と考えるかもしれない。しかし、ワトソンとグレイザーは、最後の推論(76)のみが「論理的に文章中から道理のある疑いを超えて導かれる」と判断している。しかし、この文章には、コーヒーが不眠と関連しているとは書かれていないことに注意すべきである。この推論は、コーヒーが(どういうわけか)実際に不眠と関係があるという経験的信念をもっている場合にのみ妥当となる（アボリジニーや無知な青少年は、そのような関連性を知らないかもしれない）。コーヒーが不眠を引き起こすという経験的信念をもっていなければ、最初の推論（74）が最も道理に適っているように見えるかもしれない。しかしここで重要なのは、受験者一人ひとりの不測の信念によって、何が道理のあるように見えるかが決まるということである。したがって、これらの問題は、指示のようには自己完結的ではなく、このことは構成妥当性（construct validity）を著しく損なう。

テストの最後のセクションである「論証の評価」は、自己完結型問題とオープン型問題の混同が最も顕著な例であろう。ここでは、一連の論証がそれぞれ「強い」か「弱い」かを判断するよう受験者に求める。指示によると、ある論証が「強い」ためには、それが重要であり、かつテスト問題に直接関連していなければならない。これらの条件のどちらかが満たされない場合、その論証は「弱い」と判定される。そして、これらの問題が自己完結型（外部の意見や情報を必要としない）であることを受験者に示唆するために、指示にはこう書かれている。

各論をそれぞれの長所で個別に判断してください。問題に対する個人的な態度が評価に影響しないようにしてください。

しかし、実際の問題が始まる直前に、受験者はこの最後のアドバイスに直面する。

以下のどの問題でも、「すべき（should）」という単語が最初の単語として使われている場合、そのことの意味は「提案されている行動はアメリカ国民の一般的な福祉を促進するだろうか?」である。これは明らかに受験者個人の政治的見解や価値判断に関わる。政治的リベラル派と保守派は、これらの項目の一つひとつについて意見が異なるかもしれない。[*12] さらに、「強い」論証の要件の一つである「何を重要視するか」も同様に、その人の価値志向によって決まる。このように、「強さ」か「弱さ」かという基本的な尺度でさえも、価値観によって貫かれているのである。

このセクションの次の問題は、こうした点をよく表している。

アメリカ政府は国内の主要産業をすべて買収し、働きたい人すべてを雇用し、製品を原価で提供すべきか?

9.5. いいえ。政府に経済的・官僚的権力が集中すれば、私たちの個人的・政治的自由が損なわれる。

9.6. はい。政府はすでに郵便局、高速道路、公園、軍隊、公衆衛生サービス、その他いくつかの公共サービスを運営している。

9.7. いいえ。競争と利潤動機がなくなれば、有用な新しい商品やサービスの生産のためのイニシアチブは大幅に減少するだろう。

これらの議論のうち、「重要で、その問題に直接関係している」という意味で「強い」のはどれだろうか？　これに対する答えが何であれ、個人の価値判断や政治的意見に関わることは明らかである。ある人にとっては「強い」と思えることでも、ある信念や態度によっては「弱い」と感じる人もいる。したがって、ワトソンやグレイザーが要求しているように、「各論をそれぞれの長所に基づいて個別に判断する」ことなどできるはずもないし、問題に対する個人的な態度が評価に影響を及ぼすのを防ぐことなどできるはずもない。真の批判的思考者は、このような問題に直面したとき、絶え間ない苦境に立たされることになる。正しい批判的反応は問題自体を攻撃することであろうが、（当然のことだが）そのための余白はない。

項目そのものの構成妥当性や内的妥当性については、これくらいにしておこう。

このテスト（フォームYMとZM）の妥当性と統計的信頼性を裏づけるために、付属のマニュアルには、八つの異なる受験者グループ（九年生から大学四年生まで）の規範データと、九つの他の精神能力測定尺度（IQスコアから大学入試の結果まで）の対応するスコアが示されている。これらのデータはまた、潜在的なテスト利用者が適切な規範比較を行い、それに応じて結果に対する期待値を調整することができるなど、多くの理由でテスト利用者の助けとなることを意図している。[*13]

しかし、ワトソンとグレイザーが提示したこの規範データは、批判的思考能力の測定としてのテストの妥当性を支持しない別の解釈を可能にする。特に、ＩＱ、読解能力、ワトソン・グレイザー・テストの結果の間に非常に高い相関係数があることに注目したい。ＩＱとの相関は〇・五五から〇・七五（オーティスＩＱ）、中央値は〇・六八であり、読解力との相関は〇・六〇から〇・六六、中央値は〇・六四である。不思議なことに、ワトソンとグレイザーは、これらの高い相関関係を、自分たちのテストが「批判的思考能力」の優れた測定手段であることの証拠として挙げている。しかし実際には、これらの同じ相関関係は、このテストが測定しているのは批判的思考というよりも、ＩＱや読解能力であることを強く主張するものである。ワトソンとグレイザーには、彼らが批判的思考のためのテストを作成したことを示す責任がある。実際、ワトソンとグレイザーのテスト項目そのものが内的に混乱しているために、これらの相関が高くならないのだと示唆されるかもしれない。ワトソンとグレイザーが、自分たちのテストが単なる希釈されたＩＱテストではないことを示す唯一の直接的証拠は、彼らの声明である。

さまざまなテストの内容を調べてみると、この批判的思考鑑定で課される課題は、一般的に使われている知能測定で提示される課題とはかなり異なっていることがわかる。*14

しかし、そういうことにはならないだろう。なぜなら、この主張は単に「項目が違って見える」という根拠のない主張をしているだけだからであるというだけでなく、一方のテストに要求されるスキルが、他方のテストに要求されるスキルと事実上異なることを示すことにはならないという理由からでもある。

IQの相関について、彼らは、次のように結論づけている。

したがって、従来のテストによって測定されるような高いレベルの「知能」は、批判的思考において高い達成度を得るためには必要かもしれないが、十分ではないように思われる。

しかし、ここで求められることは、高いIQが高い批判的思考能力にとって十分（条件）ではないことを示すことである。この証明がなければ、このテストが（欠陥のあるテストではあるが）IQではなく批判的思考のテストであることを示唆するデータはない。

読解力との高い相関性についても同様の反論ができる。実際、テスト項目は読解力テストによく見られる項目のようにさえ見える。この場合、受験者が「演繹的」「必然的にこうなる」「結論はこうならない」「仮説」などの語句の意味を理解していれば、この理解力はさらに大きなアドバンテージとなる。

ワトソンとグレイザーは、このテストが（高い相関関係があるにもかかわらず）読解力テストではなく、批判的思考能力そのものを測定するものであることを示すために、次のように述べている。

批判的思考鑑定で効果的な結果を出すためには読解力が必要であることは事実だが、テスト項目は単なる語彙の認識や文章の理解よりも複雑な心的活動を必要とする。読解力検査で測定されるような優れた読解力をもつ人の多くは、批判的思考鑑定では相対的に低い点数をとるかもしれない。しかし、批判的思考鑑定で比較的高得点を取る人は、読解力テストでも比較的高得点を取る可能性が高い。

ここで重要なのは、優れた読書力をもつ人が「批判的思考鑑定で相対的に低い点数を取る可能性がある」と主張している一文である。確かに、批判的思考鑑定で低い得点をとることは論理的にはありうるが、ワトソンとグレイザーのデータは、そのようなことが起こるとは示していない。それどころか、彼らのデータは、読解力が高いほど批判的思考の得点が高いことを示している。もっと重要なことは、このテストには読解力が高くても鑑定で良い点が取れない人が実際に存在すること、そしてそれが偶然によるものではないことを示すことである。そうすれば、読解力以外の何かがテストによって測定されていると信じる理由ができるかもしれない。さらに、ワトソンとグレイザーが、カリフォルニア州の読解力を必要としない非言語テスト（California Test of Mental Maturity Non-Language Test）と鑑定スコアを比較したところ、相関は〇・四三と最も低かった。したがって、利用可能な証拠は、ワトソンとグレイザーの得点のばらつきが読解力によって占められていることを示唆している。また、批判的思考と呼ばれる独立した、あるいはユニークな一連のスキルが測定されていることを示唆する統計的証拠はない。

コーネル批判的思考テスト

ワトソン・グレイザー・テストの人気は、現在、コーネル批判的思考テスト（CCT）という別のテストに押されつつある。コーネル批判的思考テストには、七年生から十二年生までの児童に推奨される「レベルX」と、大学生に推奨される難易度の高い「レベルZ」がある。この二つのテストの著者は、ロバート・H・エニスとジェイソン・ミルマンである。

一般に、コーネル・テストは少なくとも二つの点でワトソン・グレイザー・テストより改善されている。第一に、指示が明確でわかりやすく、課題が指示の直接の現れである。第二に、著者たちは「自己完結型問題」と「オープン型問題（または発散型問題）」の違いを認識しているようで、この二つを混同していない。テストの各形式には、「オープン」な質問をするセクションが一つずつあるが、その理由はワトソンとグレイザーの理由とはまったく異なる。ワトソンとグレイザーは、真理性と妥当性の区別を混同しており、それが彼らの質問の「自己完結的」な性質を台無しにしているのに対して、コーネル・テストの「オープン」な質問は、そこに含まれる批判的思考という操作概念（operative conception）に根拠を置く。それは実際、第3章で論じたロバート・エニスの批判的思考の考え方でもある。[*15] この批判的思考の概念によれば、繰り返しになるが、十二の「側面」（または能力）と三つの「次元的尺度」があり、その多くは、思考者が与えられたデータを超えて、ある特定の広範囲にわたる尺度に基づいて言明の評価を下すことを要求している。したがって、エニスがコーネル・テストの作者として、この種の項目をいくつか設けたとしても驚くにはあたらない。

コーネルの両テストの大きな欠点は、標準化された多肢選択式テストの形式が、批判的思考の概念で必要とされる包括的な判断や慎重な判断を許さないことである。短い設問とさらに短い解答は、エニスが主張するように「言明の正しい評価」の基本である「次元的尺度」（特に「実用的次元」）の使用を禁じている。こうしてできあがった問題の内容は、初級論理学テストに見られるようなものと区別がつかない。これらのテストは「コーネル非形式論理学テスト」というタイトルの方がずっと適切であり、他の非形式論理学テストと同様に、この主題領域の風土病とも言うべき正確さの欠如に悩まされている。

それぞれのコーネル・テストのいくつかのセクションには曖昧さがなく、「（このテストの）否定派」の間でも、正確な正解が設定されていることは認めなければならない。しかし、これらは形式的な演繹的推論をテストするセクションであり、その正確さはその主題／教科の性質によって決定されるものであり、批判的思考特有の特性というわけではない。問題が演繹的推論から、より批判的思考の特徴である判断を必要とする問題（例えば、エニスの十二の「側面」のいくつかと「次元的尺度」とが関連している問題）に変わると、項目は複数の正解を認めているという点で問題が生じることになる。例えば、「レベルX」のコーネル・テストには、帰納的推論に関する二十三の項目があり、これらの項目は、正解とされている回答に反する回答に対しても同様に強力な論証を示すことができる。その結果、これらの項目では正当化できる回答が日常的に「×」扱いとなり、テストはかなり弱体化する。帰納的推論を必要とする有効な問題は、最善の状況で生み出すことが困難である。というのも、どんなに多くの情報が提供されようとも、それらのデータをいくつもの合理的なパターンで解釈することが通常可能だからである。さらに、標準化された多肢選択式テストは、そのような問題を出題するには特に不向きな手段である。

では、なぜコーネル・テストの作成者はこのような厄介な項目を設けたのだろうか？　この疑問に対する答えは、批判的思考に関する彼らの考え方にある。第一に、彼らは批判的思考が演繹的推論以上のものから成り立つのであり、より広い文脈における合理的判断能力をテストすべきであると正しく信じている――それ故に演繹的推論のセクションを設けている。第二に、帰納的推論は批判的思考と同様に、どのような教科内容にも転移する一般化されたスキルであると信じている――そして私がこれまで示してきたように、それは間違っている。

コーネル・テストの「レベルZ」式にも、帰納的推論に関する大きなセクションがあり、嬉しいことに、正解とされる解答は「X」式のときほど論争的なものではない。しかし、そのような道理は、批判的思考を必要とする有効な問題として諸項目を救ってくれたりはしない。テストでの文章においては、非常に多くの情報が提供されており、そこで要求される「推論」のレベルは非常に低いので、これらの諸項目は読解力を問う問題以上の何物でもないことは明らかである。段落で情報が提供されていない数少ないケースでは、「X」式のテストと同じように、正解とされる回答は相応に論争になる。

加えて、「Z」式のセクションⅡは、それだけで問題の二〇％以上を占め、明確な答えを設定「しえない」項目から構成されている。これらの問題もまた、エニスの批判的思考の考え方に由来するもので、「推論の曖昧さを見抜く」や「発言の意味を把握する」などが含まれる――これらはすべて非形式的誤謬の形を変えたものである。実際、このセクションの問題の根底にある難点は、まさに一般的な非形式的誤謬のそれである。思い起こすなら、これらの難点は、誤謬が実際になされたことを証明する決定的な方法がないこと、異なる誤謬の重大性をランクづけする客観的な尺度がないこと、そして、ある言明や論証が同時に複数の誤謬を犯す可能性があることである。「Z」テストのこのセクションでは、受験者に短い論考を読ませ、「この考え方が誤りである最も適切な理由を一つ選び出す」よう求めている。しかし、「最良の理由」を確立するための公的な尺度は、非形式的誤謬の場合と同様、提示されていない。このセクションからランダムに抜粋した次の例を考えてみよう。

12.
ドベルト：塩素を水に入れることは、ギャルトン市民の健康を脅かすことであり、それは悪いことだとあなたはわかっているようですね。
アルガン：私たちの健康が脅かされていると言ういかなる権利があなたにあるというのですか？
ドベルト：「健康的な生活」とは自然に従って生活することである、と定義できるかもしれません。今、私たちは自然界で水に塩素を添加しているのを見かけません。ですから、塩素が添加されれば、すべての人の健康が脅かされることになります。

この考察のいくつかが誤りである最も適切な理由を一つ選びなさい。

A. ドベルトは感情的な表現を用いており、彼の議論を合理的なものにするのに役立っていない。
B. ドベルトの考え方に誤りがある。
C. ドベルトはある単語を二つの異なった意味で使っている。

この設問で提供された情報に限定すれば（指示通り）、次のような解釈のいずれもが正当に擁護されうる。

（1）前記の誤りの全てが実際になされている。
（2）前記の誤りのどれもがなされていない。
（3）どれか一つの誤りが他の誤りよりも深刻であると立証するのに十分なだけのデータがここでは提供されていない。

重要なのは、これらの情報から「最良の理由」を確定する決定的な尺度がないため、この問題自体が「誤り」であるということである。

例えば、ドベルトは塩素がすべての人の健康を「脅かす」と言い続けていることから、冷静な分析が必要な問題を論じる際に「感情的な言葉」を使っていると主張できるかもしれない。また、塩素を（適切な量だけ）水に添加すれば健康が損なわれるということにはならないので、ドベルトの考え方は間違っていると結論づけることもできる。そして、ドベルトは「健康」という言葉を二つの異なる意味で使っていることに気づくだろう。一つ目は「病気とは無縁」という意味で、二つ目は「母なる自然に近い生活」という意味で。逆に、これらの否定は次のように擁護されるかもしれない。ドベルトが「感情的な言葉」を使うのは行き過ぎではなく、危機に瀕している結果の深刻さにふさわしいと主張できるかもしれない。ドベルトが言いたいのは、飲料水への塩素添加と健康被害との間に論理的な繋がりがあるのではなく、むしろ偶発的な繋がりがあるということだ、と主張することもできるだろう。また、ドベルトは「健康」という言葉を二つの異なる意味で使っているのではなく、そのように見えるだけであり、実際には議論を通じて「母なる自然に近い生活」という意味で使っているのだと推論することもできる。どちらの解釈が正しいのだろうか？ そして、与えられた限られた情報に基づいてどのように判断すればいいのだろうか？ しかし、より重要なのは、このような六つの可能性のどれが「ベスト」なのか、受験者はどうやって判断すればいいのか、ということだ。客観的な尺度がないところに、客観的な評価はありえない。

このセクションの解答のもう一つの憤慨すべき特徴は、指示が「それぞれの問題にある考察は誤っている」と明確に述べるとき、半分以上の問題が、「ドベルトの考え方は間違っている」とか「この部分には考え方の誤りがある」と「減点要素」をもっていることである。したがって、この種の「減点要素」は常に同語反復的に正しい。それよりも強い答えがあるだろうか？ そして、これは事実上、本当の「減点要素」の数を二つに還元することになるのだろうか？ まとめると、コーネル批判的思考テスト（X式とZ式）は、批判的思考の尺度としては、ワトソン・グレイザー・テストよりわずかに優れているに過ぎない。コーネル・テストの著者たちは（ワトソンやグレイザーがそうであったように）真実性と妥当性を混同していないし、ほとんどのテストで一般的な「演繹的推論」を超えた合理的判断をテストしようとしている。しかし、この後者の点こそが、このテストが意味をなさなくなる点なのである。というのも、演繹的でない種類の合理的判断は、一意的なルールの集合にも、一つだけの解答にも限定されるものではないからである。この種の困難は、批判的思考を一般化されたスキルとして解釈することの必然的な帰結である。しかし、この場合、標準化されたテストでは、疑わしい部品はあまりにも多様で複雑であり、有効には捉えられない。

先に読解力について述べたときにも示唆されたように、識字や読解の概念は、少数の解読スキルに還元するにはあまりに複雑である。同様に、批判的思考も、同じような悲惨な結果を招くこの手の還元主義に抗うものである。どちらの研究分野も、それぞれのプロセスが多かれ少なかれ機械的なスキルの単純な集まりであるという、同じ誤った前提から進んでいる。正真正銘の批判的思考かどうかについては、数多くの方法でテストすることが可能だと私は考えている。しかし、そのようなテストは全て、少なくとも以下の条件を満たすものでなければならない。

1. そのテストが、受験者の経験や準備に関連する一分野（または複数の分野）の主題／教科に特化したものであること。これは、知識と情報が批判的思考に必要な要素であるために必要である。
2. 解答形式が、複数の正当な解答を認めるものであること。したがって、小論文の方が、厄介で時間がかかるかもしれないが、この課題に適しているかもしれない（これは、ガチョウを一羽むしるのに適した方法は通常一つではないということを認識させるものである）。

3．良い答案とは、真実という意味での正しさではなく、答案を正当化すること（論拠）の質によって決まる。

4．テスト結果は、その人の能力や生まれつきの能力を測る尺度として使われるべきではなく、通常は特定の訓練や経験の結果である、学習された成果として使われるべきであること。

実際、通常の学問分野（または主題／教科）に関連したコースで実施されるテストは、適切に設定されていれば、市販されている標準テストよりもはるかにこれらの要件に近い。そしてそれは一つの「マーケット」なのだ！

注

＊1　この文献を紹介する優れたアンソロジーがいくつかある。それらのいくつかを紹介しよう。F. B. Murray and J. J. Pikulski（eds.）, *The Acquisition of Reading*（Baltimore: University Park, 1978）; Doris V. Gunderson（ed.）, *Language and Reading: An Interdisciplinary Approach*（Washington, D.C.: Center for Applied Linguistics, 1970）; K. S. Goodman and J. T. Fleming（eds.）, *Psycholinguistics and the Teaching of Reading*

(Delaware: International Reading, 1968); John P. De Cecco (ed.), *The Psychology of Language, Thought and Instruction* (San Francisco: Holt, Rinehart & Winston, 1968).

*2 このグループには、トーマス・G・シュティヒト、ジョージ・A・ミラー、モートン・ウィーナー、ウォード・クロマーなどの筆者が含まれる。これらの筆者の関連論文は、Murray and Pikulski, *The Acquisition of Reading* や Gunderson, *Language and Reading* に掲載されている。

*3 'Reading and reading difficulty: a conceptual analysis', *Harvard Educational Review*, vol. 37, no. 4 (Fall, 1967), pp. 620–43.

*4 例えば次の論文を参照のこと。R. L. Venesky, R. C. Calfee and R. S. Chapman, 'Skills required for learning to read', in Gunderson, *Language and Reading*, pp. 36–54.

*5 'The acquisition of literacy by children and adults', in Murray and Pikulski, *The Acquisition of Reading*, pp. 131–62.

*6 *ibid.*, p. 132.

*7 ワトソン・グレイザー・テストの内容は、ニューヨークのハーコート・ブレイス社（Harcourt Brace Jovanovich）に帰属する。前述したすべての項目が、必ずしも現行または改訂版のテストに含まれるとは限らない。

*8 こうした研究の一覧を知りたいなら、次の著書を参照のこと。O. Buros (ed.), *The Seventh Mental Measurements Yearbook* (Highland Park, N. J. Gryphon Press, 1972), p. 783.

*9 *Watson-Glazer Critical Thinking Appraisal Manual, Forms* YM *and* ZM (New York: Harcourt Brace, Jovanovich, 1964), p. 2. さらに厄介な表現が、テスト自体の八頁にある――「このテストでは、各論証を真と見なすこと」（原文ママ）！　繰り返すが、論証は「真」ではない。

＊10 *ibid.*, p. 2.

＊11 これは、何が最終的に合理的であるかは個人の見解の問題（つまり相対的なもの）であると言いたいのではなく、そのようなことについては個人の認識が異なる可能性があり、実際にそうであることを指摘しただけである。

＊12 ロバート・エニスもこのタイプの項目には批判をしている。Robert Ennis, 'An appraisal of the Watson-Glazer Critical Thinking Appraisal', *Journal of Educational Research*, vol. 52, no. 4（December, 1958）, pp. 155–8.

＊13 ワトソン・グレイザーに関連する心理測定データのレビューは、文献にいくつか見られる。また、Bruce L. Stewart, 'Testing for critical thinking: a review of the resources', in R. H. Ennis（ed.）, *Rational Thinking Reports Number* 2（Urbana, Ill., 1979）には、他の二十四の批判的思考テストについても明確で簡潔なレビューが掲載されている。

＊14 Test manual, p. 10.

＊15 'A concept of critical thinking', *Harvard Educational Review*, vol. 32, no. 1（Winter, 1962）, pp. 83–111 を参照。

第7章

基本に戻れ

第1章では、批判的思考とは、ある活動に反省的懐疑をもって取り組む傾向とスキルであると論じた。これは、そのときはもっと単純な問題に対する単純すぎる解答に思えたかもしれないが、この後の章では、批判的思考の概念がいかに多くの、そしてしばしば多様な方法で、まず誤って解釈され、次にさまざまな教育プログラムや標準化されたテストの基礎として使われてきたかを明らかにしてきた。ここまでくれば、私たちは今や、批判的思考の意味を明確にすることの重要性を理解する立場にある。いわば、この概念の論理は、ある手順を排除し、他の手順を許容するのである。この分析から推測される、より実際的な結果にはどのようなものがあるだろうか？

批判的思考とは何かを知ること自体は、それが学校システムに導入されるべきか否かについては何も語らない。実際、教育の概念が論理的に批判的思考を含んでいること（第2章参照）を知っていても、学校において批判的思考が必要とされる場所については何も示唆しない。というのも、教育の論理には、学校が教育に携わることを要求するものは何もないからである。「この学校は教育に携わっていないが、素晴らしい学校システムであり、他の人に薦める」と言うことに矛盾はない。論理的に考えれば、よく管理された学校に求められるのは、そこで何らかの指示された学習が行われることである。学校が教育に携わるかどうかという社会の決定は、優先順位や価値観を反映した公共政策の決定であり、社会によって、あるいは社会間で異なる可能性があるという事実を見失うべきでない。実際、第三世界諸国の開発問題の多くは、基本的な職業技能の訓練を犠牲にして教育を重視してきた学校制度に直接関連していると言える。ラテン語、文学、幾何学ではケンブリッジ大学に入れるかもしれないが、食卓に食べ物を並べたり、トラクターを修理したりすることはできない。ある学校の具体的な目的は、論理ではなく政策によって決定されるのだ――私たちが言えることは、もし教育が学校教育の目的であるのならば、批判的思考はその目的に含まれなければならない、ということだけだ。

専門職や職業訓練機関では、批判的思考が果たす役割は、せいぜいこれらの事柄と偶発的に結びつく程度である。仕事や特定のサービスを行うための学習と批判的思考との間には論理的な関係はない。しかし、どのような手順やパフォーマンスも原則的に改善の余地があるため、これらの仕事を教える教育機関は、批判的思考をカリキュラムに含めることで大きな利益を得ることができる。さらに、ここで紹介する批判的思考の分析は、熟議を必要とするあらゆる活動が批判的思考を採用することが可能であり、他の人々が示唆するように、批判的思考が命題的知識に限定されるものではないことを強調しようと試みた。実際、消費者主義やHow-to-Do-Itに関するコースでさえ、批判的思考に重要な役割を見出すことができるかもしれない。（しかし、批判的思考の具体的な性格や内容は、各分野で異なるであろう。）

本書の目的は、学校のカリキュラム目標を定めることではない。これもまた、論理の問題ではなく、社会政策の問題である。むしろ、ここでの第一の課題は、批判的思考に関心や興味をもつあらゆる状況において、批判的思考の本質を明らかにすることである。しかし、批判的思考が関心をもたれるのはどのような場面なのだろうか。現在の英語圏の学校に限定すれば、批判的思考の役割についてかなり曖昧なイメージをもつことになるだろう。一方では、カリキュラムにあるテーマについてさえ自分の頭で考えることができない、あるいは考えようとしない生徒たちに対する不満が世間一般に広がっている。しかし他方では、ほとんどすべてのレベルで「基本に戻れ（Back to Basic）」ということが常に叫ばれている。一見すると、この二つの目的は正反対の方向に引っ張られているように見える。生徒たちに自分の頭で考えさせるには、結局のところ、これまで私たちが大量生産してきたものよりも洗練されたカリキュラムと教育技術が必要なのだ。しかし、「基本に戻れ」運動は、基本的な情報やスキルに重点を置くことを求めているように思える。この二つの目的は達成できるのだろうか？ もしそうなら、どうやってなのだろうか？

私は、批判的思考とは何か、そしてそれがさまざまな種類の教科内容の基本的理解にどのように寄与するのかを明確にすることで、これらの一見した目的や傾向を調和させることができると提案する。「基本に戻れ」運動の見解で価値があるのは、結局のところ、伝統的な学問的学習には根本的に重要なものがあり、それは単なる文化的付属物ではないという考えである。しかし、伝統的な学校教育の方法は、自主的で生産的な思考を促すという点では、常に、そして今も深刻な欠陥がある。いわば、当初設定として、批判的で独立した思考は、学習されたさまざまな能力ではなく、生来の強靭さとして扱われ、そのため生徒の生まれつきの知性や偶然に委ねられてきた。[*1]

「基本に戻れ」運動には、三つの明確な疑問がある。

1. いわゆる基礎教科とはどのような教科を指すのか？
2. ある教科の中で、どのような理解が基礎的な理解なのか？

3．どのような方法が、この基本的理解を人々に与えるのに最も適しているのか？

批判的思考を分析することは、最初の問いに答えることにはほとんどならない。批判的思考は、熟議を必要とする「あらゆるテーマ」において用いることができる。しかし、残りの二つの問いに関しては、ここに示した認識論と批判的思考の分析は、批判的思考の主要な特徴を知的な方法で統合するだけで、非常に強力な示唆を与えることができる。この目的は、これらの特徴が何であり、それらが互いにどのように関連しているかを要約することによって、最もよく果たされるであろう。

第2章では、認識論とは事実上、信念をもつための正当な理由の分析であり、その具体的な性格や基盤も含まれると論じた。また、集団的な人間の経験によって、異なる種類の信念には異なる種類の正当な理由があることが多いことが発見されたのだから、人間の努力のさまざまな分野領域に対応する、多種多様な認識論が存在することになる。その結果、論理学そのものが認識論に寄生することになる。というのも、論理学は、いったん発見された正当な理由を形式化したものに過ぎないからである。このように、認識論、そしてある程度の論理学は、分野領域内では有効であるが、必ずしも分野領域間では有効ではないのである（第2章参照）（ほとんどの批判的思考プログラムはこの命題を事実上否定している）。認識論に関するこのような考察は、批判的思考そのものの性質についていくらかだが重要な洞察を与えてくれる。

批判的思考に関する私の分析がおおよそ正しいと仮定すれば、関係するスキルの成分がどのようなものであるかが見えてくる。多くのスキルと同様、反省的懐疑も、問題となっている分野の知識を最低限必要とする。特に、その分野の認識論的基礎についての知識が必要である。認識論とは、便利なことに、さまざまな型の信念の基礎についての研究（the study）に他ならない。懐疑心を知的に働かせる（つまり反省する）ためには、その問題となっている分野領域の認識論について知っている必要がある。そのような知識があれば、論理そのもののさまざまな誤用を見抜くことができるだけでなく、信念の拠り所を権威や伝聞から、さまざまな種類の知識そのものの合理的基礎へと移すこともできるだろう。要するに、さまざまな分野の認識論は、何よりも、批評的な洞察力を効果的に働かせるために必要な知識を与えてくれるのである。ある人が、ある問題について自分の認識論的理解を用いる目的で判断を保留する方法を知っており、実際にそうしているとき、私たちはその人を批判的思考者であると言う。このように、批判的思考の核となる要素は基礎知識であり、それは認識論である。

さらに、人間の努力の諸分野は千差万別であり、それに対応する認識論（時には論理学）があるのだから、批判的思考が一般化されたスキルでないのは当然である、と主張した。あらゆる分野で有能なルネサンス人であっても、多くの異なるスキル一式をもっているはずであり、すべての分野に適用できる一式をもっているわけではない。批判的思考のスキルも、他のスキルと同様、対象によって異なる。あらゆる分野で批判的思考を行おうとする気質はあるかもしれないが、批判的思考を行う分野や領域のことを理解していなければ、その人は批判的思考を行う人とは言えない。というのも、批判的思考は、転移可能だとされるスキルの特定のセットよりも、特定領域の知識や理解に密接に結びついているからである（この見解もまた、批判的思考に関する通説と矛盾するものである）。

批判的思考の現代のプログラムは、必要な知識をあたかもそれが共通的な知識であるかのように扱うことによって、分野の知識をもつという問題を回避しようとする。しかし、唯一の共通の知識があるのだから、共通の批判論があるはずだ——このような見方は、批判的思考の認知的要素について非常に浅い、あるいは表面的な理解を示しているだけでなく、一見「よくある」、あるいは「日常的な」問題の根底にある本当の複雑さを過小評価し、軽視せざるをえない。「よくある」「日常的な」問題に対する解決策は、それが実際に問題であるとしても、めったにありふれたものでも日常的なものでもない。いずれにせよ、学校の教育目標は（幸いなことに）、常識で解決できるような問題を扱うよりも高く設定されている。常識で解決できる問題であれば、批判的思考を教えるための特別コースはほとんど必要ない。そして、常識では解決できない問題には、すぐにその分野に特化した情報が必要になる。それゆえ、主題／教科志向のコースが伝統的に正当化されてきたのである。

しかし、特定の主題／教科志向のコースでは、理性に代わって情報や権威が支配することを許し、権威が支配するところでは無反省な服従が続くのが、あまりにも一般的である。これとは対照的に批判的思考には、仮定の事実や権威のさまざまな声の背後にある理由についての知識が必要である。そのような知識がなければ、批判的に思考しようとする性向のある人であっても、自分の信念を留保する真の基礎をもたず、したがって自分の意見を形成する基盤ももたない。さまざまな主題／教科を教えることに対する認識論的志向とは、そのような理由を提供できるものなのである。なぜなら、認識論とは、信じるためのさまざまな正当な理由を分析し研究することに他ならないからである。

したがって、学校において批判的思考を促進することに真に関心があるのであれば、私は、主題／教科の認識論をその主題／教科の不可欠な部分として含み込むコースを想定している。非常に現実的な意味で、このような方法で主題／教科にアプローチすることは、基本的なことを前進させることだと言えるかもしれない。それは、ある主題／教科を教えるということはどういうことなのかという概念が変わり、その主題／教科の認識論が基本的な要素として含まれるようになるという意味で、前進することになる。そして、認識論が提供する理解ほど基本的なものはないという意味で、基本を教えることになる。主題／教科に対する認識論的アプローチでは、さまざまな信念、言明、手続き方法の理論的根拠や正当性は、事実や手続きそのものと同じくらい重要である。生徒たちは、ある所与の分野では何が事例（つまり「事実」）であると考えられているのかだけでなく、なぜそのように考えられているのかも学ぶことになる。このような理解（つまり、事実を最も説得力のある光と最も脆弱な光の両方で見ること）があれば、その人は批判的思考者に求められる種類の判断を下すことができるようになる。

学校の教科に認識論を適切に取り入れることは、ここで十分に扱うことができないほど多くの問題を提起する。特に、このような形で教科を教えるための適切な教師養成の方法には、多くの課題がある。最初の一歩として、特定の教科のための認識論志向のカリキュラムを開発し、また教師のための適切な訓練方法を開発するために、特定の分野のカリキュラム専門家が、その分野に関心をもつ認識論者と手を組むことを私は望む。場合によっては、それは使い慣れた教材を単に認識論的な枠組みに再構築するだけであることもあれば、まったく新しい教材を開発することに関わるものであることもある。しかし、どのような場合でも、さまざまな事実、信念、手続き方法の認識論的基礎は、学校教科の不可欠な部分として体系的に盛り込まれ、テスト問題は、それらの理解が達成されたかどうかを確認するために作成される。要するに、主題／教科の認識論は、単に時間と都合が許せば研究される追加的な側面ではなく、教科を構築する中心的な枠組みなのである。

このようなカリキュラムに対して、ある種の大衆が反発することは十分に考えられる。というのも、このようなカリキュラムは、事実やスキルの優位性を、その正当性を理解することにある程度置き換えることになるからである。もちろん、トレードオフの関係にあることは言うまでもない。しかし、そのような敵対的な反応は、批判的思考へのコミットメントを反故にすることに等しいと私には思える。人はケーキがないのにケーキを食べることはできないのだ。だから、私はこのケースを非常にシンプルに表現した。すなわち、もしコミュニティが生徒たちの批判的思考の育成に純粋に関心をもっているのであれば、このような変化を導入するのが最も合理的である、と。

具体的なカリキュラムや訓練方法に関する複雑な問いについてはひとまず置いておくとして、批判的思考に関する長年の疑問には、現在、より直接的に答えることができるものがいくつかある。第一に、エドワード・デ・ボノ、ロバート・エニスなどの著者は、批判的思考を他の教科と統合するのではなく、別の教科として教えるのが最善であるかどうかという問題を頻繁に提起してきた。ここで紹介する批判的思考の分析は、批判的思考は各教科の一部としてのみ教えることができ、決して単独で教えることはできないということを明確に示している。実際、批判的思考を特定の内容から切り離して教えるという考え方そのものが支離滅裂である。批判的思考の内容として「一般的な知識」を使おうとするプログラムは、複雑な問題を表面的に扱うことにならざるをえない。さらに、批判的思考に対するいわゆる「論理的アプローチ」によって習得される可能性のあるタイプのスキル（例えば、誤謬の認識など）は、教科に対する認識論的アプローチの副産物としての方が、より有意義な方法で開発されるであろう。適切な訓練を受けた物理学者、歴史家、美術評論家は、誤った推論に気づくのが、非形式論理学の訓練を受けた人と同じくらい速い。しかも、その分野では、根拠の弱い推論を見抜くことに長けている。推論や批判的思考を、各教科と切り離して学ぶことを正当化する根拠はない。

批判的思考に関する第二の永続的な問いは、最近ブライス・ハッジンズ[*2]やマシュー・リップマン、アン・M・シャープ、フレデリック・オスカニャン[*3]によって議論されているが、批判的思考を導入すべき年齢や学年のレベルに関するものである。批判的思考は初等教育の段階で導入されるべきなのだろうか？　それとも中等教育まで待つべきなのだろうか？　ハッジンズは、そしてリップマンらも、この問題を発展的な問題として解釈している。つまり、ピアジェがそうであったように、彼らは子どもたちが批判的思考をできるようになる年齢を知りたいのである。そして、彼らの研究は、幼い子どもたちが少なくとも初歩的な形では批判的思考ができることを示しているのだから、できるだけ早い時期に批判的思考を導入すべきだと主張するのである。実際、リップマンらはまさにこの目的のために教材を開発してきた。[*4]

しかし、認知能力に関する発達上の問題は、このようなカリキュラム決定で問題となることの半分に過ぎないのではないだろうか。ある種の教材を扱う能力があるというだけで、そのような活動をさせるべきだということにはならない。結局のところ、子どもたちは多くのことがすでにできるのであり、このことは、よりよい判断はしばしば先延ばしになることを示唆している。リップマンらは、小学校での哲学の導入が児童の一般的な読解力を向上させたと主張しているが、このような結果については慎重に見るべきである。このような研究では、直接教えられたことと、その後にテストされたことの間に幅広い重複があるため、結果が意外なものにならないことに加えて、オレゴン州での最近の研究では、ペン字の具体的な訓練が生徒の全体的な成績平均を向上させたことが示されている。[*5] このような主張を前にして、学校が何をすべきかについては明らかではない。しかし、はっきりしているのは、ある状況下で子どもたちに何ができるのか、実際に何ができるのかという疑問に対する答えだけでは、子どもたちに何をさせるべきかという疑問に対する答えにはならないということである。

批判的思考をいつカリキュラムに導入するのが妥当かについては、批判的思考そのものの性質から何らかの指針を得ることができる。例えば、批判的思考の前提条件の一つは、ある分野（またはその分野内）に関する知識や情報をもっているということである。Xについて何かを知るまでは、Xについて批判的に考えることはできないのである。経験上、小学校では三つのRとそれを取り巻く世界についての最も初歩的な情報を教えることで精一杯である（実際、これさえもうまくできていないと主張する批評家もいる）。要するに、小学校は生徒に批判的思考の前提条件を与えようとする試みに完全かつ適切に取り組んでいる。これらの理由から、私は小学校のカリキュラムに批判的思考を導入することは、ある意味では可能かもしれないが、あまりお勧めしない。学校はすでにやるべきことが多すぎるのだ。そして、これらの基本的な成果をある程度成功裏に達成することができれば、後の段階で、より有意義な方法で批判的思考を発展させ始めることができる。

I・A・スヌークもまた、「生徒に考えることを教える」[*6]の中で、私の批判的思考の分析が直接語ることができる問題を提起している。それは、生徒の自主的な思考を最も効果的に促進する教科や学校プログラムのあり方に関するものである。スヌークは、通常R・S・ピーターズやポール・ハーストと結びついているいわゆる「学問アプローチ」を批判しているが、その理由は、それは自立した思考というよりも「学問的な」思考を教えるものであり、日常的な問題とは無縁であるというものである。スヌークはまた、通常ジョン・デューイと結びつけられる「探究」や「問題解決」のアプローチについても、問題の種類を区別する知識やスキルの違いにあまりに注意を払っていないという理由で批判している。スヌークはデューイについて次のように述べている。

問題解決を提唱する彼は、論理学と心理学を混同する傾向があり、問題の特殊性を見落としている。弁護士も物理学者も大工も問題を解決するが、問題を解決するために何をするかに共通点はほとんどない。[*7]

本書を読むと、いわゆる「学問アプローチ」に対するある種の偏見が感じられるかもしれない。これはおそらく事実であろうが、批判的思考について私が言いたいことは、この偏見に依存するものではない。実際、私が思うに、本分析の長所の一つは、批判的思考が特定の課題や教科内容と論理的に結びついていることを認識しながらも、その課題や教科内容が何であるかについて先験的な制限を設けていないことである。批判的思考は、より伝統的な学問分野と同様に、「消費者主義、ビジネス管理、How-to-Do-It に関するコース」でも重要な役割を果たすことができる。批判的思考が命題的知識に限定されるものではないことを、私は強調しようとしてきた。さらに、批判的思考の具体的な要素は課題や対象によって異なること、そして批判的思考は特定のスキルセットでも「論理的」スキルでもないことを認識することが重要である。そしてこれまで述べてきたことは、スヌーク教授を不安にさせるものではない。しかし、私はスヌーク教授ほど、いわゆる「常識」や「日常的な」知識を称賛するつもりはない。というのも、私たちが体系的に注意を払うに値する問題で、明らかになっている解決策に従順に対応できるものはほとんどないからである。いわゆる「常識」は、しばしば相互に共有された無知である。いまだに、調査、研究、努力は、そのような無知に対する私たちの最も強力なスーツであるように思う。

最後に、私の分析では、批判的思考は性向とスキルの両方から成り立つと明言しているが、批判的思考の性向的側面（つまり、いったんスキルを身につけたら、何が人々をそのスキルを使いたくさせるのか）については、ほとんど何も述べていないことを最初に指摘しておく。これについて説明を省略したことの理由は二つある。第一に、哲学者、心理学者、教育者の間で、批判的思考の意味、特にそのスキルの性質について十分な混乱が生じており、このトピックを特別扱いする正当性がある。第二に、批判的思考力を身につけるにはどうすればよいかという問題には、哲学者である私が具体的な知識をもっている以上に、多くの経験科学的な問題が含まれている。間違いなく、この問題はまだ未解決で未検証の部分が多い。しかし、これは言っておきたい。これらの問題についての最終的な裁定がどのようなものになったとしても、そのことがもともと批判的思考者でなかった教師を巻き込むことになるのであれば、私は大いに驚くであろう、と。

注

＊1　この点については、私はエニス、ダンジェロ、スクリヴェン、デ・ボノに同意する。

＊2　*Learning and Thinking*（Itasca, Ill.: F. E. Peacock, 1978）, pp. 179–80.

＊3　*Philosophy in the Classroom*（West Caldwell, N.J.: 1977）.

＊4　例えば次の著書を参照せよ。*Harry Stottlemeier's Discovery*（N.J.: IPAC, 1974）and *Lisa*（N.J.: Universal Diversified Services, 1976）.

＊5　Reported in *Time* magazine, 28 January 1980, p. 43.

＊6　*Studies in Philosophy and Education*, vol. 8, no. 3（Winter, 1974）, pp. 146–62.

＊7　*ibid.*, p. 158.

訳者解説

本書は、カナダのオンタリオ州ロンドンにあるウェスタン大学の教育哲学の教授であったジョン・マクペック（John McPeck）の主著である*Critical Thinking and Education*（Wiley-Blackwell, 1981）の全訳である。なお同書は「批判的思考」研究の古典として特に英語圏では広く知られており、二〇一六年にはラウトレッジ社から再版されている。日本でもこの図書に注目した研究については論文という形で数本程度（林佳翰「批判的思考理論における知識の位置――『主題特定性』をめぐるR・H・エニスとJ・E・マクペックの論争を中心に」『日本デューイ学会紀要』四五号、二〇〇四年／甲斐進一「マックペックの批判的思考論の研究」『椙山女学園大学研究論集』四一号、椙山女学園大学、二〇一〇年／小林祐也「クリティカルシンキング論における主題特定性の意義」『関西大学高等教育研究』七号、二〇一六年など）存在を確認できる。しかし、英語圏での評価と比べるなら、日本の批判的思考を研究し教育の中で育成することを積極的に推奨するグループ（例えば楠見孝や道田泰司ら）の間での注目度は高いものではなく、こうしたグループがかなりの数を出版してきた「批判的思考」や「クリティカルシンキング」を表題に掲げる著作物においても、マクペックのことはあまりとりあげられてこなかった――たとえ扱われることがあったとしても、「批判的思考は教育の必要条件なのである」（本書第2章）という言葉だけ引用される傾向にあるようだ。それもそのはずで、こうした日本の研究者たちの多くは、批判的思考を要素別に細分化できる汎用的なスキルや性向（もしくは態度）の集まりと捉える前期のロバート・エニスの研究やその流れを組んだ後継の研究を基本的に支持しており、本書に見られるように、そうした彼らの研究を痛烈に批判するマクペックは煙たい存在に思えるのではないか。

本書でのマクペックの主張は多岐にわたるが、その特徴を簡潔に示すなら「還元主義批判」と「汎用的技能能力の万能主義批判」になるかと思う――訳者はその点を副題に反映させることとし、「還元主義学力論批判」を副題として加えた。「還元主義」とは、批判的思考（批判的思考力）や論理的思考（論理的思考力）、その他○○的思考／能力について、何らかのコンテンツフリーな要素の集まり、すなわちスキルや情報処理の手順や性向（disposition）／態度（attitude）や「演繹」「帰納」「一般化」といった思考特性などの集まり、もしくは少数の分析的概念（例えば「証拠」「論証」「地人相関」「対立と合意／効率と公正」など）の集まりとして還元できると考えることだと言える（本書第6章も参照のこと）。また、「汎用的能力技能の万能主義」とは、そうした要素の集まりからなる批判的思考（批判的思考力）や論理的思考（論理的思考力）、その他○○的思考／能力について、研究主題の違いや学問領域を超えて汎用的に通用する性質のものだと位置づけて、そしてそれを身につけておけば古今東西のあらゆる未知なる課題にも対応できると、その万能性を過剰評価することだと言えるだろう（本書の第1章や第2章も参照のこと）。こうした考え方に対してマクペックは本書全体を通して批判しており、例えば「批判的思考が主題／教科領域の知識やスキルと関わる限り、X領域における批判的思考のできる人が、Y領域でも批判的に思考できるとは限らないことになる」（本書第1章二六頁）と主張する。すなわち、批判的思考（批判的思考力）をはじめとして、ほとんどの〇〇的思考／能力（当然ながら、加藤寿朗や梅津正美らが想定する「社会認識力」「社会的判断力」や小原友行の想定する「意思決定力」も含まれる）は、領域固有性の特性をもつものであり、人は「Xについての〇〇的思考」ができる、とまでしか言えないのだ、という主張なのである。つまりある人物が「頼朝は義経の鎌倉入りを許さなかったことをどう判断するか」や「阿部正弘は開国すべきだったのか」という問題に対して熟練した価値的判断ができるという事実が、その人物の消費税増税問題の価値判断力があることを何ら保障してくれはしないのだ。[*1] またマクペックは、もし批判的思考（批判的思考力）やその他思考／能力がエニスの言うように何らかのスキルや情報処理手順などの要素に還元でき、それが汎用的な性質であったとしても、実際に思考する際には各学問や研究主題についての知識やスキルなどがかなり必要になるため、そのような〇〇的思考／能力は実際に思考をする段になったらあまり役に立つものではないとも主張している。

なお、マクペックの言う「X領域」と「Y領域」との領域区分の根拠だが、「subject」や「subject matter」の違いにあると主張している。「subject」は辞書的には「学問」「教科」「主題」の意味があるが、教育学者の多くはこのマクペックの言う「subject」や「subject matter」を「学問」と解読している（例えば、小林祐也「主題に着目したクリティカルシンキング育成の限界――T・J・ムーアのクリティカルシンキング論から」『NAIS Journal（日本応用情報学会学会誌）』一四号、二〇二〇年）。ただ本書を読む限り、少なくとも訳者にはこれが「学問」や「教科」なのか「研究主題」なのかの判断がつかなかった。しかしよくよく考えてみれば、そもそも「学問」の領域区分自体が多様性をもちかつ重層的な性質をもつものである。「経済学」でも実態は大きく「ミクロ経済学」「マクロ経済学」「数量経済学」などに分けられるし、「歴史学」も「西洋中世史」「東洋近代史」「東アジア史」のように学問領域は細分化され、また「アナール学派」といった学派別でも思考作法などが変わる。さらに「和解学」や「環境学」など、主題別・問題関心別に学問領域が形成されることもある。「教科」もこれと同じで、例えば「社会科」の場合、歴史学・地理学・政治学・経済学などを寄せ集めて冠として便宜的な名称として「社会科」を使用しているだけであると捉えることもできるし、それ以上の意味（例えば市民性育成という領域や分野を超えた共通の教科目標）をもつ一つの統合学科と見ることもできる。そう考えると、マクペックの言う「subject」や「subject matter」がたとえ「学問」のことを意味していたとしても、その領域固有性について、実際的にどの次元に基準を置いているのかを判断することは困難であろう。むしろ、マクペック自身は「subject」「subject matter」が「自然科学」や「社会科学」や「人文学」または「理科」や「社会科」といった次元を指しているのか、それとも「歴史学」や「地理学」といった次元を指しているのか、それともその下位の「西洋中世史」ないしは「アナール学派」という次元を指しているのか、はたまた「和解学」や「環境学」のような次元のことを指しているのか、あえて態度をはっきりさせようとしていないようだ（本章第7章二四三頁を参照）。そうなると、おそらく実際の運用において、領域区分の根拠はかなり流動的かつ文脈的な対応が要求されるものとならざるをえないだろう。[*2] こう考えるなら、「subject」や「subject matter」を「学問」とするのか「研究主題」とするのか、こうした議論にそこまで意味はないのかもしれない。そこで教育上での議論であることも踏まえて「主題／教科」と訳すことにした。

＊＊＊

さて、読者の中には、なぜ今になってこの古典の全訳を試みたのかと疑問を感じる方もおられよう。それは二つの理由による。一つ目は、近年の「コンテンツ（内容）からコンピテンシー（資質・能力）へ」という教育学や文部科学省の教育改革の動きとともに、学力をめぐる議論の中で明らかにコンテンツフリーな技能や能力などに過剰に傾倒する「還元主義」や「汎用的技能能力の万能主義」の傾向が顕著になってきたことへの警戒からである。例えば社会科領域に話題を限定しても、先のエニスやその後継研究者たちの批判的思考への注目や、サム・ワインバーグやその後継研究者たちの歴史的思考への注目、さらには本書でも批判対象として上がっていたマシュー・リップマンの哲学的思考への注目、非認知的能力への注目、さらには論争問題学習においてトゥールミンの論証モデルを汎用的な性格のものと位置づけてしまい、それ自体を使いこなせることを学力として過剰に評価する動きなどは、その代表的なものと言えるだろう。これら内容と技能・能力・資質とを対立関係としてしまいかねない動きやそのことがもたらす弊害（学習活動の形式化・空洞化など）については、すでに多くの教育学者が問題提起してきたテーマであり、特に珍しいものではないかもしれないが（松下佳代「ディープ・アクティブラーニングを可能にする条件――知識習得と能力形成の両立」『大学教育学会第三十八回大会発表要旨集録』二〇一六年／石井英真『今求められる学力と学びとは――コンピテンシー・ベースのカリキュラムの光と影』日本標準、二〇一五年／松下良平「「主体的・対話的で深い学び」の計り知れない困難――見失われた可能性を求めて」グループ・ディダクティカ編『深い学びを紡ぎ出す――教科と子どもの視点から』勁草書房、二〇一九年）、こうした教育学者らもこの問題に対してマクペックの議論（特に本書での議論）を根拠に問題提起することがあるという点で、本書の全訳には一定の意味があるのではないか。

そもそも、こうした「還元主義」や「汎用的技能能力の万能主義」の歴史は長く根も深い。近代に話を絞っても、ロックやヘルバルトに見られる「形式陶冶」の学力論にその共通するものを確認することができる。デューイは決して「形式陶冶」を支持した教育者ではなかったが、彼が注目した「開かれた心」「誠実さ」「責任感」といった「性向（disposition）」という概念も、その後のデューイの教育論を部分的に借用する児童中心主義者たちの教育論の中で一人歩きして、コンテンツフリーな学力としてデューイが考えている以上に万能性のある性格のものとして受け止められたり運用されたりしてきたと言え、また今日において一部の心理学者らが注目する「非認知的能力」の考え方の基盤となっている。またデューイの性向概念はエニスらに継承されて、彼らが重視する汎用的な批判的思考を構成する要素の一部とされた。

こうした還元主義や汎用的技能能力の万能主義は、教育で何をなぜ教えるのかを考える議論を極めて単純化してしまう点が最大の問題である。すなわち、教育で教えることは○○的思考の「スキル」である、非認知能力である、はたまた「協働的に学ぶ姿勢」や「粘り強く学び続ける耐性」であると単純化されてしまい、教育をめぐる議論はもっぱらそれらを「どのように教えるか」という問いだけに向かってしまう――森分が言うところの技術主義方法主義の議論に止まってしまう（森分孝治『現代社会科授業理論』明治図書、一九八四年）。また、センシティブな問題や理解が困難なテーマを回避する口実を与えてしまう点も問題である。すなわち、センシティブな人権問題ではなく論争になりにくい人権問題（場合によっては人権問題ではなく別のテーマの社会問題）を扱うことで、人権問題（もしくは社会問題）一般についての批判的思考力や判断力をつけた、といって逃げることが可能になってしまうのである。

もう一つ、今回訳者が本書の全訳出版を考えた理由は、マクペックの考え方は、教科教育学の存在根拠になる哲学を提供してくれていると考えるからである。少し前まで教育学者の多くにとって「教科」という領域枠は研究視野を狭めてしまう邪魔者とされがちだった。特に教科領域別に授業やカリキュラムの研究を考えるのではなく、超教科的な視座で学校教育を論じる傾向のある教育方法学にはその傾向が強く、彼らは教科教育学に対して「教科の枠で考えると視野が狭くなる」や「教科や学習指導要領の存在を自明としてしまう」と紋切り型の批判をする傾向があった。もちろんこうした批判はまったく根拠のないものではないことは言うまでもないのだが、ただ訳者としては、前々からこうした教育方法学などからの批判に対して、認識論的に見て学校カリキュラムには人文を主な対象とする教科、社会を主な対象とする教科、自然を主な対象とする教科、そして芸術を主な対象とする教科などが存在しており、これらはいずれも教科の性質や問題関心がかなり異なるのに、どうしてこうした性質の違いを考慮した／生かした教育の議論をしてはいけないのだろうという素朴な疑問があった。

少なくともマクペックの議論を応用するならば、人文学系・社会科学系・自然科学系・芸術系・スポーツ科学系の教科は、領域固有で教育のあり方を議論した方が実りのあるものとなると言えそうだ。もちろん、どこまで領域を細分化するべきなのかについては議論があるだろうし、また領域を細分化しすぎて隣の領域でやっていることがまったくわからなくなることは避けた方が良いので、その意味で俯瞰的な視座をもつ教育方法学の存在にも一定の価値があるとは思うが、訳者としては、原則として理科は理科教育学、音楽は音楽教育学といった単位で基本的に議論するべきなのではないか（そうしたことに多少なりとも合理性があるのではないか）と考えている。

今回の文部科学省の教育改革も同じで、全ての教科で、教科固有の見方・考え方をまとめるように指示があったというが、これを速やかに描くことのできる教科と、そうではない教科とが存在していたと言う。学習指導要領の学年別の目標も全教科で「知識・技能」「思考力・判断力・表現力」「主体的に学習に取り組む態度」の三段階に整理する方針が採用されたのだが、これも教科によってはかなり表現に苦戦したと聞く。社会科の場合、柔軟な対応ができるように、これまでの学習指導要領では小学校三・四年は同じ枠の中で目標や内容が設定されていたのだが、これも他教科と横一線に合わせるという理由から、小学校三年と四年は別々に目標と内容が設定されることになった。訳者にはこれら昨今の動きのいずれもが、あまり合理的なことに思えないでいる。

もちろん教科教育学者は特定の狭い教科領域に逃げ込んで外に出てこなくなるようなことは避けるべきであり、そのためには教科横断的な学会を樹立させて、そして相互にコミュニケーションをとるような研究企画を行うことがあっても良いだろう。実際、日本教科教育学会は、教科教育コンソーシアムという企画を立ててそうした研究を推進し始めたが、とても良い試みだと思う。

ちなみに、学習科学（learning science）は教科領域を重視して教科領域別に授業のあり方を考えているぞ、と考える読者もおられるかと思うので若干の反論をしておこう。彼らはガート・ビースタが批判しているように、「教育」の議論が弱く、関心がもっぱら「学習」にある。そのようになってしまう原因は、学習科学者の多くが、学問領域で教えている概念や思考「技能」を教育内容とすることを自明のものとしてしまっているからである。例えば歴史教育の目標は、歴史学固有の「文脈に配慮した思考」「根拠のある論証」「証拠に基づいた論証」などの歴史的思考技能と、歴史学固有の分析概念である「時代区分」「因果関係」「一次資料」「二次資料」「解釈」等の概念、もしくは歴史学者の研究関心（または研究成果）である「帝国主義」「権門制度」「律令軍制」といった概念を学ぶことだとしている。そこには、「どのような内容を」「なぜ教えるのか」を問う姿勢が弱い。大抵の場合、学問でやっていることは、すべての人間にとって必要な文化／教養だからだ、と開き直る。そしてこうした学習科学を担う研究者の大半は、もともとは心理学者である＝歴史学の素養のある人は極めて少数だ。つまりマクペックの言う領域固有性という話では、心理学の固有性が前面に出た学問が学習科学であり、歴史学や歴史を扱う周辺領域の領域固有の研究作法や知識体系から生み出されたものとは言えない。

マクペックが批判的思考研究やその他の○○的思考についての研究に投げかける問いは、今日でも決して色褪せない。いや、今だからこそ読み直す価値のある著書である。今日の夕飯をカツ丼にするのか、健康を考えて豆腐定食にするのか、こうした意思決定を私ができたからといって、私が増税問題の意思決定ができることを何ら意味するものではない。こう言えば当たり前だと言われるだろうが、実際には、江戸時代の歴史研究ができれば古代ギリシャの歴史研究もできるに違いない（＝その人には汎用的な歴史的思考力があるからだ）、増税問題が議論できるなら民法改正の議論ができるに違いない（＝その人には汎用的な政治的議論力があるからだ）、「近所の△△寺の唐辛子の首輪をかけたお地蔵さんはどうして『咳止め地蔵』と呼ばれるか」の問題解決ができるようになれば（これは全国の授業名人を取り上げたNHK番組「わくわく授業――私の教え方」で取り上げられた小学校三年社会科授業での問いであり、子どもたちはいろいろ調べたが答えがわからず、お寺の和尚さんのところに理由を尋ねに行き、「喘息に苦しんでいた唐辛子好きのお婆さんが『自分が死んだら、お地蔵さんになって咳に苦しむ子を助けてあげたい』といって死んだから」という理由を聞かされる、という展開である）問題解決力や学びへの粘り強い主体性が身についてさまざまな社会問題を解決するための基本を身につけることになる（＝その子たちは汎用的な問題解決力をつけ始めているからだ）、などといった、「形式陶冶」以来続く議論が今でもまかり通っているのが日本の教育現場の実態ではないか。「〇〇力育成」は結構だが、これはひとまとまりのコンテンツフリーのスキルや態度、もしくは少数の概念群を教えれば今度は何でも分析・判断できるという「眉唾」の話にすり替えられやすく、その魅力的な議論と引き換えに、単純化と思考停止を生む。いわば「教育界の麻薬」である。

二〇二四年九月七日

渡部竜也

注

＊1

この「〜思考」や「〜力」の領域固有性については、（皮肉にも調査研究をするまでは超領域的・汎用的な社会認識力・社会的判断力の存在をかなり信じていたと思われる）加藤寿朗・梅津正美・前田健一・新見直子が実証している（加藤寿朗・梅津正美・前田健一・新見直子『子どもの社会的思考力・判断力の発達と授業開発――歴史的分野を中心として』風間書房、二〇二四年）。というのも、このグループは中学生の社会認識力と社会的判断力と批判的思考力を測定するために歴史テスト（主題は「中世の武士」）と公民テスト（主題は「小売店」）を作成して各学年二百名を超える中学生たち（一・二・三年）に実施した結果、歴史テストの結果と公民テストの結果の間には有意な相関性を確認できなかったのである。つまり、歴史テストで高次な社会的判断力があるとされた生徒が、必ずしも公民テストでそう判断されるとは限らなかったし、その逆に公民で高次な社会的判断力があるとされた生徒も歴史テストではそう判断されることは限らなかったのである。ちなみに、歴史テスト内や公民テスト内においては生徒の間の社会認識力・社会的判断力・批判的思考力は互いに関連しあう実態があることが確認できたという。こうした結果になったのは、加藤らの実施した歴史テストと公民テストではそれぞれ主題が全く異なっていたため、もしくは歴史領域と公民領域で性格の異なる領域でのテストであったため、それぞれのテストで必要とされる知識内容や思考作法がまったく異なってしまったことが原因であると考えるのが自然であろう。マクペックの主張を裏づける実証的なデータと言える。

ちなみに、加藤らはテストの難易度が違ったことが公民と歴史の結果の差異が生まれた原因であると推察していたが、それならば、そのことを証明するような相関性がデータから確認できるはずである。すなわち、難解な方のテストで高次な回答のできた生徒は、ほぼ全員が容易なテストでも高次な回答ができていなければならない。しかし、そうした実態は確認できなかったようだ。

＊2　このことは、批判的思考の領域固有性が「地理」「歴史」「公民」という学習指導要領「社会」の想定する領域の単位とならねばならないような道理が特にないことを意味している。

参考文献

Annis, David B., *Techniques of Critical Reasoning* (Columbus, Ohio: Charles E. Merrill, 1974)

Bakan, David, *On Method: Toward a Reconstruction of Psychological Investigation* (San Francisco: Jossey-Bass, 1968)

Barrow, Robin, *Common Sense and the Curriculum* (London: George Allen & Unwn, 1976)

Bloom, B. S. (ed.), *Taxonomy of Educational Objectives: The Classification of Educational Goals, Handbook 1: The Cognitive Domain* (New York: David McKay, 1956)

Buros, Oscar (ed.), *The Seventh Mental Measurements Yearbook* (Highland Park, N.J.: Gryphon Press, 1972)

Capaldi, Nicholas, *The Art of Deception*, 2nd ed. (New York: Prometheus Books, 1975)

Churchman, C. West and Buchanon, Bruce G., 'On the design of inductive systems: some philosophical problems', *British Journal of Philosophy of Science*, vol. 20 (1969), pp. 311–23

Cohen, M. and Nagel, E., *Introduction to Logic and Scientific Method* (New York: Harcourt, Brace & World, 1934)

D'Angelo, Edward, *The Teaching of Critical Thinking* (Amsterdam: B. R. Gruner, 1971)

de Bono, Edward, *The Five-Day Course in Thinking* (New York: Basic Books, 1967)

de Bono, Edward, *The Dog Exercising Machine* (New York: S & S, 1971)

de Bono, Edward, *The Mechanism of Mind* (Harmondsworth: Penguin, 1971)

de Bono, Edward, *Tire Use of Lateral Thinking* (Harmondsworth: Penguin, 1971) de Bono, Edward, *Lateral Thinking for Management* (New York: McGraw-Hill, 1971)

de Bono, Edward, *Children Solve Problems* (Harmondsworth: Penguin, 1972)

de Bono, Edward, *PO: Beyond Yes and No* (Harmondsworth: Penguin, 1973)

de Bono, Edward, 'But how do you teach thinking?', *Times Educational Supplement*, 17 August 1973, p. 4

de Bono, Edward, *CoRT Thinking Lesson* (Blandford Forum, Dorset: Direct Educational Services, 1974)

de Bono, Edward, *Thinking Course for Juniors* (Blandford Forum, Dorset: Direct Educational Services, 1974)

de Bono, Edward, *Teaching Thinking* (London: Maurice Temple Smith, 1976)

de Bono, Edward, *Lateral Thinking: A Textbook of Creativity* (Harmondsworth: Penguin, 1977)

De Cecco, John P. (ed.), *The Psychology of Language, Thought and Instruction* (San Francisco: Holt, Rinehart & Winston, 1968)

DeMorgan, Augustus, Formal Logic (London: Taylor & Walton, 1847)

Empiricus, Sextus, 'Against the logicians', *Works*, vol. 2

Ennis, Robert, 'An appraisal of the Watson-Glazer Critical Thinking Appraisal', *Journal of Educational Research*, vol. 52, no. 4 (December, 1958), pp. 155–8

Ennis, H. Robert, 'A concept of critical thinking', *Harvard Educational Review*, vol. 32, no. 1 (Winter, 1962), pp. 83–111

Ennis, Robert, 'Notes for "a conception of rational thinking"', *Proceedings of the American Philosophy of Education Society*, 1979

Fearnside, W. Ward, and Holther, William B., *Fallacy: The Counterfeit of Argument* (Englewood Cliffs, N.J.: Prentice-Hall, 1959)

Feigenbaum, E., and Feldman, J. (eds.), *Computers and Thought* (New York: McGraw-Hill, 1963)

Gilbert, Michael A., *How to Win an Argument* (New York: McGraw-Hill, 1980)

Goodman, K. S., and Fleming, J. T. (eds.), *Psycholinguistics and the Teaching of Reading* (Delaware: International Reading, 1968)

Gunderson, Doris V. (ed.), *Language and Reading: An Interdisciplinary Approach* (Washington, D.C.: Center for Applied Linguistics, 1970)

Hamblin, C. L. *Fallacies* (London: Methuen, 1970)

Hudgins, Bryce B., *Learning and Thinking* (Itasca, Ill.: F. E. Peacock, 1978)

Johnson, Ralph H., and Blair, J. Anthony, 'The recent development of informal logic', *Informal Logic: The First International Symposium* (San Francisco: Edgepress, 1980)

Johnson, R. H., and Blair, A. J., *Logical Self-Defence* (New York: McGraw-Hill, 1980)

Joseph, H. W. B., *An Introduction to Logic* (Oxford: Clarendon Press, 1916)

Kaplan, Abraham, *The Conduct of Inquiry* (San Francisco: Chandler, 1964)

Kleinmuntz, B. (ed.), *Problem Solving: Research, Method and Theory* (New York: Krieger, 1965)

Lipman, Matthew, *Harry Stottlemeier's Discovery* (West Caldwell, N.J.: IAPC, 1974)

Lipman, Matthew, *Lisa* (West Caldwell, N.J.: Universal Diversified Services, 1976)

Lipman, Matthew, Sharp, Ann M., and Oscanyan, Frederick, *Philosophy in the Classroom* (West Caldwell, N.J.: IAPC, 1977)

Martin, Jane Roland, 'On the reduction of "knowing that" to "knowing how"', in B. O. Smith and R. H. Ennis (eds.), *Language and Concepts in Education* (Chicago: R and McNally, 1961)

Martin, Jane Roland, *Explaining, Understanding and Teaching* (New York: McGraw-Hill, 1970)

McPeck, John E., 'The context of discovery in context', *Proceeding of XV World Congress of Philosophy*, Book Ⅲ (Varna, Bulgaria: Sofia Press Production Centre, 1973)

McPeck, John E., 'A logic of discovery: lessons from history and current prospects', *Dissertation Abstracts* (Ann Arbor, Michigan: University of Michigan Microfilms, 1973)

Minsky, Marvin L., 'Some methods of artificial intelligence and heuristic programming', *Mechanization of Thought Processes,* National Physical Laboratory Symposium, vol. 1 (London: HMSO, 1959), pp. 5–27

Murray, F. B., and Pikulski, J. J. (eds.), *The Acquisition of Reading* (Baltimore: University Park, 1978)

Newell, A., 'Heuristic programming: ill-structured problems', in *Progress in Operations Research* (in press)

Newell, A., Shaw, J., and Simon, H., *Elements of a Theory of Human Problem Solving,* Paper P- 971 (Santa Monica: Rand Corporation, 1957)

'Nowadays, Writing is Off the Wall', *Time* magazine, 28 January 1980, p. 43

Passmore, John, 'On teaching to be critical', in R. S. Peters (ed.), *The Concept of Education* (London: Routledge & Kegan Paul, 1967), p. 193

Perelman, C., and Olbrechts-Tyteca, L., *The New Rhetoric: A Treatise on Argumentation* (South Bend, Ind.: University of Notre Dame, 1969)

Peters, R. S., 'On teaching to be critical', in R. S. Peters (ed.), *The Concept of Education* (London: Routledge & Kegan Paul, 1973)

Polanyi, Michael, *Personal Knowledge: Towards a Post-Critical Philosophy* (New York: Harper & Row, 1962)

Popper, Karl, *The Logic of Scientific Discovery* (New York: Harper & Row, 1968)

Quine, W. V. O., 'Two dogmas of empiricism' in *From a Logical Point of View* (New York: Harper & Row, 1963)

Reichenbach, Hans, *Experience and Prediction* (Chicago: University of Chicago Press, 1938)

Richards, I. A., *The Meaning of Meaning* (New York: Harcourt, Brace, 1956)

Ryle, Gilbert, 'A puzzling element in the notion of thinking', in P: F. Strawson (ed.), *Studies in the Philosophy of Thought and Action* (New York: Oxford University Press, 1968)

Scheffler, Israel, *The Conditions of Knowledge* (Glenview, Ill.: Scott, Foresman, 1965)

Scriven, Michael, *Reasoning* (New York: McGraw-Hill, 1976)

Skyrms, Brian, *Choice and Chance* (Belmont, Cal.: Dickenson, 1966)

Snook, I. A., 'Teaching pupils to think', *Studies in Philosophy and Education*, vol. 8, no. 3 (Winter, 1974), pp. 154–5

Soltis, Jonas, 'Analysis and anomalies in philosophy of education', un-published paper delivered at the Conference on New Directions in Philosophy of Education, held at the Ontario Institute for Studies in Education, Toronto, 1970

Soltis, Jonas, *An Introduction to the Analysis of Educational Concepts* (Reading, Mass.: Addison-Wesley, 1978)

Stewart, Bruce L., 'Testing for critical thinking: a review of the resources', in R. H. Ennis (ed.), *Rational Thinking Reports Number 2* (Urbana, Ill.: Bureau of Educational Research, 1979)

Sticht, Thomas G., 'The acquisition of literacy by children and adults', in F. B. Murray and J. J. Pikulsky (eds.), *The Acquisition of Reading* (Baltimore: University Park, 1978), pp. 131–62

Toulmin, Stephen, *The Uses of Argument* (Cambridge: Cambridge University Press, 1958)

Venesky, R. L., Calfee, R. C., and Chapman, R. S., 'Skills required for learning to read', in Doris V. Gunderson (ed.),

Language and Reading (Washington, D.C.: University Park Press, 1970), pp. 36–54

Wason, P. C., and Johnson-Laird, P. N. (eds.), *Thinking and Reasoning* (Harmondsworth: Penguin, 1970)

Watson, Goodwin, and Glazer, Edward M., *Watson-Glazer Critical Thinking Appraisal* (New York: Test Department, Harcourt, Brace and World, 1964)

White, J. P., 'Creativity and education: a philosophical analysis', in Jane R. Martin (ed.), *Readings in the Philosophy of Education: A Study of Curriculum* (Boston: Allyn and Bacon, 1970), pp. 122–37

Wiener, M., and Cromer, W., 'Reading and reading difficulty: a conceptual analysis', *Harvard Education Review,* vol. 37, no. 4 (Fall, 1967), pp. 620–43

Wilson, Bryan R. (ed.), *Rationality* (New York: Harper & Row, 1970)

Wittgenstein, Ludwig, *Philosophical Investigations* (New York: Macmillan, 1973)

Woods, J. and Walton, J., 'On fallacies', *Journal of Critical Analysis*, vol. 4, no. 3 (October, 1972), pp. 103–12

【ま】

【や】

【ら】

【わ】

【た】

【な】

【は】

索引

【著者略歴】ジョン・E・マクペック（John E. McPeck）
カナダのオンタリオ州ロンドンにあるウェスタン大学で教育哲学の教授を務める。代表作には本書のほかに、続編とも言える *Teaching Critical Thinking: Dialogue and Dialectic*（Routledge, 1990）がある。

【訳者略歴】渡部竜也（わたなべ・たつや）
東京学芸大学教育学部准教授。主な著書に『大学の先生と学ぶ　はじめての公共』（KADOKAWA、二〇二四年）、『論争問題を立憲主義的に議論しよう——ハーバード法理学アプローチ』（東信堂、二〇二四年）、『主権者教育論——学校カリキュラム・学力・教師』（春風社、二〇一九年）、『歴史的思考——その不自然な行為』（サム・ワインバーグ著、監訳、春風社、二〇一七年）ほか多数。

批《ひ》判《はん》的《てき》思《し》考《こう》と教《きょう》育《いく》——還《かん》元《げん》主《しゅ》義《ぎ》学《がく》力《りょく》論《ろん》批《ひ》判《はん》

二〇二四年一二月二〇日　初版発行

著者　ジョン・E・マクペック
訳者　渡部竜也《わたなべ たつや》

発行者　三浦衛
発行所　春風社　*Shumpusha Publishing Co.,Ltd.*
横浜市西区紅葉ヶ丘五三　横浜市教育会館三階
〈電話〉〇四五・二六一・三一六八　〈FAX〉〇四五・二六一・三一六九
〈振替〉〇〇二〇〇・一・三七五二四
http://www.shumpu.com　✉ info@shumpu.com

装丁　長田年伸
印刷・製本　モリモト印刷株式会社

乱丁・落丁本は送料小社負担でお取り替えいたします。

ISBN 978-4-86110-971-3 C0037 ¥4000E